财务基本技能与实训指导

杜 超　邓 瑶　魏 娜　主 编

电子科技大学出版社
University of Electronic Science and Technology of China Press

图书在版编目（CIP）数据

财务基本技能与实训指导/杜超，邓瑶，魏娜主编
. --成都：电子科技大学出版社，2023.9
ISBN 978-7-5770-0429-7

Ⅰ.①财... Ⅱ.①杜... ②邓... ③魏... Ⅲ.①财务管理-高等职业教育-教材 Ⅳ.①F275

中国国家版本馆 CIP 数据核字（2023）第 136997 号

书　　名	财务基本技能与实训指导	
	CAIWU JIBEN JINENG YU SHIXUN ZHIDAO	
主　　编	杜　超　　邓　瑶　　魏　娜	
出版发行	电子科技大学出版社	
社　　址	成都建设北路二段四号	
邮政编码	610054	
印　　刷	电子科技大学印刷厂	
开　　本	787mm×1092mm　1/16	
印　　张	11.25	
字　　数	185 千字	
版　　次	2024 年 9 月第 1 版	
印　　次	2024 年 9 月第 1 次印刷	
书　　号	ISBN 978-7-5770-0429-7	
定　　价	49.00 元	

前言

　　随着经济的发展，会计在经济管理中的作用越来越重要，市场需要具备扎实的会计理论功底，熟练的操作技能和职业判断能力的应用型会计人才。与此同时，网络、人工智能，财务机器人、云技术的发展和应用对会计人员的能力提出了新的要求，对会计人员的管理能力、财务数据的分析能力等方面的要求越来越迫切，特别是对财务数据分析和运用方面的能力要求越来越高。这些能力的提升要求学生在校期间必须具备坚实的会计专业知识和熟练的操作技能。

　　财务基本技能与实训指导是会计专业的一门综合性实践课程，对会计专业人才培养具有重要的作用。由于会计工作和会计部门的特殊性，学生在校期间不容易接触到企业的实际会计业务，难以体会会计工作的现场感和实用性，以及企业的业务与会计工作之间的关联。因此，学生在学习理论时比较局限、空泛，理论与实践融合度较低，数据处理和分析能力较弱，实操能力得不到锻炼。本书在编写时，充分考虑了会计教育的特点，以及用人单位对会计人员能力的要求，强调与学生在学校学习的相关课程基础会计、财务会计、税法、财务管理和成本会计等进行深度融合。

　　本书在编写过程中体现了"仿真性、典型性、系统性"的原则，在内容上力求与现行会计制度、税收法规、银行业务等方面的改革接轨，按照最新的法规和税率，使之更加贴近企业的实际情况。同时，增加了模拟实训环节，提高学生的专业素质，动手操作能力和分析能力，从而对会计工作有一个较为全面、系统、完整的认识。将所学的理论知识与实际操作融会贯通，提高学生的会计业务综合处理能力，操作技能和数据分析能力。本书除了可作为会计专业的教材，还可作为会计人员上岗培训教材。

在编写本书的过程中，笔者查阅和借鉴了大量的相关资料，在此向其作者表示诚挚的感谢。此外，本书在编写的过程中，得到了相关专家和同行的支持与帮助，在此一并致谢。由于水平有限，书中难免出现纰漏，恳请广大读者指正。

目录

第一章 绪论

导论：

财务实务技能是指需要财务人员准确运用会计准则和会计制度进行记账、算账、用账、报账的一门技术。同时，财务人员还应掌握财务软件应用技能及基本沟通技能。财务软件应用技能是使用计算机及相关外部设备和会计软件，处理财务工作基本业务的方法和技能。要求财务人员独立熟练地应用会计软件完成会计建账及日常会计核算业务工作。财务人员需要掌握沟通技巧，与业务等各个部门做好沟通，及时推进工作进度。本章主要介绍财务技能综合实训说明与基本规范。

学习目标：

1. 了解财会技能综合实训的目的及任务。
2. 熟悉财会技能综合实训的内容及能力标准。
3. 掌握会计书写规范、会计凭证规范、会计账簿规范、财务报告编制规范。

第一节 财务技能综合实训说明

一、财会技能综合实训的目的及任务

通过实训使学生对某一会计主体在某一时期内发生的各类经济业务，按真实的核算要求，完成填制并审核原始凭证、填制并审核记账凭证、登记账簿、编制财务报表等会计核算工作。它是会计课程课堂教学的延续，是会计单项实训的综合，也是会计岗位真实工作场景的演习。具体来说其目的主要包括：

（1）全面巩固课堂学习的理论知识，增强感性认识，为会计专业课程的学习和岗位工作实践打下基础。

（2）进一步掌握会计核算的基本技能，提高学生动手能力，包括审核原始凭证的能力、填制记账凭证的能力、设置登记各类账簿的能力、编制财务报表的能力、账目稽核的能力等。

（3）培养学生认真细致、一丝不苟的工作作风，以及理论联系实践的学习态度。

二、财会技能综合实训的一般要求

要求每个学生必须对所有经济业务按实际会计工作的要求，独立进行操作，最终把证、账、表资料装订成册，形成实训成果。具体包括：

（1）进行实训时，必须正确理解原始凭证所反映经济业务的具体内容，在进行认真思考确认无误后方可进行具体处理。为了防止出现错误和遗漏，做完后应认真加以检查和复审。

（2）会计实训相当于实际工作过程，因此，应按照实际会计核算的具体要求，依次做好会计凭证的填制、账簿的登记和会计报表的编制工作。

（3）实训所用的各种凭证、账簿和报表一律使用国家统一会计制度要求使用的格式。凭证账簿、报表上所列的项目要按规定填写清楚、完整。

（4）在填制会计凭证、登记账簿和编制会计报表时除按规定必须使用红墨水书写外，所有文字、数字书写都应该使用蓝（黑）墨水书写，不准使用铅笔和圆珠笔（复写凭证除外）。

（5）在实训过程中，对于出现的账务处理错误，应按规定的方法更正，不得任意涂改、刮擦挖补。

（6）文字和数字书写要正确、整洁、清楚、流畅。

三、财会技能综合实训的内容及能力标准

财会技能综合实训的内容及能力标准如表1—1所示。

表1—1　财会技能综合实训的内容及能力标准

序号	项目名称	主要内容	应达到的能力标准
1	期初建账	1. 建明细分类账 2. 建总分类账 3. 建日记账	能正确地开设总分类账、明细分类账、现金日记账和银行存款日记账
2	填制和审核原始凭证	1. 根据有关经济业务填制原始凭证 2. 审核原始凭证	能正确地填制和审核原始凭证
3	填制和审核记账凭证	1. 根据有关经济业务填制记账凭证 2. 审核记账凭证	能正确地填制和审核记账凭证

序号	项目名称	主要内容	应达到的能力标准
4	登记明细分类账	根据审核无误的记账凭证登记各类明细分类账	能准确、无误地登记明细分类账
5	登记总分类账	根据明细分类账登记总分类账	能准确、无误地登记总分类账
6	编制试算平衡表	根据总账期初余额、本期借贷方发生额及期末余额编制试算平衡表	能准确、无误地编制试算平衡表并进行试算平衡
7	对账、结账	1. 在各种账簿中进行对账 2. 对各种账簿进行结账	能对各种账簿进行对账和结账
8	编制财务报表	1. 编制资产负债表 2. 编制利润表	能正确地编制资产负债表和利润表
9	归档	1. 整理凭证、账本、报表 2. 装订凭证、账本、报表 3. 将会计资料归档管理	能准确整理和装订凭证、账本、报表，并归档管理

第二节　财务技能综合实训基本规范

一、会计书写规范

(一) 会计书写基本规范

会计书写规范是指会计工作人员，在经济业务活动的记录过程中，对接触的数字和汉字的一种规范化书写以及书写方法。会计工作离不开书写，没有规范的书写就没有会计工作质量。书写规范也是衡量一个会计工作人员素质高低的标准。一个合格的会计人员，首先书写应当规范，这样才能正确、清晰地书写计算结果，为决策者提供准确、可靠的会计信息，更好地为经济决策服务。

会计书写的内容包括阿拉伯数字书写和汉字书写两大部分。在一些外资企业，有时需用外文记账，外文字母的书写也应当规范。

会计书写基本规范的要求：正确、规范、清晰、整洁、美观。

1. 正确

指对业务发生过程中的数字和汉字要准确、完整地记录下来，这是书写的基本前提。只有对所发生的经济业务正确地反映出其发生的全过程、内容及结果，书写才有意义。

2. 规范

指对有关经济活动的记录书写一定要符合财会法规和会计制度的各项规定，

符合对财会人员的要求。无论是记账、核算、分析、编制报表，都要书写规范、数字准确、文字适当、分析有理，要严格按书写格式书写，文字以国务院公布的简化汉字为标准，数字按规范要求书写。

3. 清晰

指字迹清楚，容易辨认，账目条理清晰，使人一目了然，无模糊不清之感。

4. 整洁

指账面干净、清洁，文字、数字、表格条理清晰，整齐分明。书写字迹端正，大小均匀，无参差不齐及涂改现象。

5. 美观

书写除准确、规范、整洁外，还要尽量使结构安排合理，字迹流畅、大方，给人以美感。

会计工作人员一般都要有两枚姓名章，一枚为方形姓名章，用于原始凭证、记账凭证、会计报表等指定位置的签章；另一枚为小长方形姓名章，用于更正数字，规格为 16×4 cm。在凭证、账簿、报表上盖名章时，一般用红色印油。在各种会计资料上签名时，要签姓名全称。

(二) 数字书写规范

阿拉伯数字书写规范是指要符合手写体的规范要求。阿拉伯数字，是世界各国的通用数字，书写的顺序是由高位到低位，从左到右依次写出各位数字。

1. 数字书写的要求

(1) 高度。每个数码要紧贴底线书写，其高度占全格的 1/2。

(2) 角度。各数字的倾斜度要一致，一般要求上端向右倾斜 60 度。

(3) 间距。每个数字要大小一致，数字排列应保持同等距离，每个字上下左右要对齐。在印有数位线的凭证、账簿、报表上，每一格只能写一个数字，不得几个字挤在一个格里，也不得在数字中间留有空格。

(4) 要保持个人的独特字体和本人的书写特色，使别人难以模仿或涂改。

除此之外，不要把"0"和"6""1"和"7""3"和"8""7"和"9"写混。在阿拉伯数码的整数部分，可以从小数点起向左按"三位一节"空 1/4 汉字的位置或用分位点","分开。

2. 数字书写错误的更正方法

数字书写错误一般采用划线更正法。如写错一个数字，不论在哪位，一律用红线全部画掉，在原数字的上边对齐原位写上正确数字。

（三）汉字书写规范

与经济业务活动相联系的汉字书写包括数字的大写和企业名称、会计科目、费用项目、商品类别、计量单位以及摘要、财务分析报表等的书写等。

1. 文字书写的基本要求

（1）简明扼要准确。指用简短的文字把经济业务发生的内容记述清楚，在有格限的情况下，文字数目多少，要以写满但不超出该栏格为限。会计科目要写全称，不能简化，子、细目要准确，要符合会计制度的规定，不能用表述不清、记叙不准的语句或文字。

（2）字迹工整清晰。指书写时用正楷或行书，不能用草书；不宜过大，一般上下要留空隙，也不宜过小；不能过于稠密，要适当留字距；不能写得大小不一。

2. 中文大写数字的写法

中文大写数字用于填写需要防止涂改的销货发票、银行结算凭证、收据等，因此，在书写时不能写错。如果写错，则本张凭证作废，需重新填制凭证。数字大写的基本要求：

（1）大写金额前要冠以"人民币"字样，"人民币"与金额首位数字之间不留空位，数字之间更不能留空位，写数与读数顺序要一致。

（2）人民币以元为单位，元后无角分的需要写"整"字。如果到角为止，角后也可以写"整"字；如果到分为止，分后不写"整"字。

（3）金额数字中间有连续几个"0"字时，可只写一个"零"字，如 500.70 元，应写作人民币伍佰元零柒角整。

（4）表示位的文字前必须有数字，如拾元整应写作壹拾元整。

（5）切忌用其他字代替，如"零"不能用"另"代替、"角"不能用"毛"代替等。

3. 摘要的书写

汉字书写中包括摘要的书写，主要包括记账凭证摘要、各种账簿摘要等。摘要是记录经济业务的简要内容，填写时应用简明扼要的文字反映经济业务概况。摘要书写的一般要求为：

（1）以原始凭证为依据。

（2）正确反映经济业务的内容。

（3）文字少而精，说明主要问题。

（4）书写字体占格的 1/2 为宜。

（5）字迹与汉字书写要求相同，要工整、清晰、规范。

不同类型的经济业务填写摘要栏没有统一格式，但同一类型的经济业务填写摘要时，文字表达是有章可循的。

二、会计凭证规范

（一）原始凭证填制规范

根据《中华人民共和国会计法》（以下简称《会计法》）和《会计基础工作规范》的规定，填制原始凭证应符合以下要求。

1. 反映要真实

在填制原始凭证时，应使凭证上所记载内容同发生业务的实际情况保持一致，即凭证上的日期、经济业务内容和数据必须按照经济业务的实际发生或完成情况来填制，保证其真实、可靠，不得填写匡算或估计数；原始凭证作为具有法律效力的证明文件，不允许在原始凭证的填制中有任何歪曲和弄虚作假的行为。

2. 内容要完整

在反映经济业务的相应原始凭证上，按照凭证已有的项目或内容，逐项填列，即应该填写的项目要逐项填写，不可缺漏；年、月、日要按照填制原始凭证的实际日期填写；名称要写全，不能简化；品名或用途要填写明确；有关人员的签章必须齐全。

3. 手续要完备

经办业务的单位、经办人员要对原始凭证认真审核并签章，以对凭证的真实性、合法性负责。按规定，从外单位取得的原始凭证，必须盖有填制单位的公章；从个人取得的原始凭证，必须有填制人员的签名或者盖章。自制原始凭证必须有经办部门负责人或其指定人员的签名或者盖章。对外开出的原始凭证，必须加盖本单位的公章。该公章应是具有法律效力和规定用途，能够证明单位身份和性质的印鉴，如企业公章、财务专用章、发票专用章、收款专用章或结算专用章等。

4. 书写要清楚、规范

原始凭证上的数字和汉字，字迹要清楚、整齐和规范，易于辨认。如，阿拉伯数字应当一个一个地写，不得连笔写；汉字大写数字金额如零、壹、贰、叁、肆、伍、陆、柒、捌、玖、拾、佰、仟、万、亿等，一律用正楷或者行书体书写，不得用简化字代替；所有以元为单位的阿拉伯数字，除表示单位等情况外，一律填写到角分；无角分的，角位和分位写"00"，或者符号"一"；有角无分的，分位应当写"0"，不得用符号"一"代替。

5. 填制要及时

所有经办业务的部门和人员，在每项经济业务发生或完成后，必须及时填制原始凭证，做到不拖延、不积压，按照规定的程序及时送交会计机构，以保证会计核算工作的正常进行。一般来说，填制或取得的原始凭证送交会计机构的时间最迟不应超过一个会计结算期。

6. 其他要求

（1）凡填有大写和小写金额的原始凭证，大写与小写的金额必须相符。

（2）购买实物的原始凭证，必须有验收证明。实物购入后，要按照规定办理验收手续，以明确经济责任，保证账实相符。

（3）一式几联的原始凭证，必须注明各联的用途，并且只能以一联用作报销凭证；一式几联的发票和收据，除本身具备复写功能的外，必须用双面复写纸套写，并连续编号。作废时应加盖"作废"戳记，连同存根一起保存。

（4）发生销货退回及退还货款时，必须填制退货发票，并附有退货验收证明和对方单位的收款收据，不得以退货发票代替收据。

（5）单位人员公出借款的收据，必须附在记账凭证之后。借款收据是此项借款业务的原始凭证，是办理有关会计手续、进行相应会计核算的依据。在收回借款时，应当另开收据或者退还借款收据的副本，不得退还原借款收据。因为借款和收回借款虽有联系，但又有区别，在会计上需要分别进行处理，如果将原借款收据退还借款人，就会损害会计资料的完整性，使其中一项业务的会计处理失去依据。

（二）记账凭证填制规范

记账凭证如图 1－1 所示，根据《会计法》和《会计基础工作规范》的规定，填制记账凭证除了应符合原始凭证的填制要求外，还应符合以下要求。

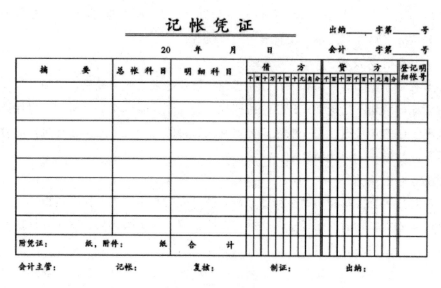

图 1-1 记账凭证

1. 记账凭证必须根据审核无误的原始凭证填制

记账凭证可以根据每一张原始凭证填制，也可以根据若干张同类原始凭证汇总编制，或者根据原始凭证汇总表填制，但不得将不同内容和类别的原始凭证汇总填制在一张记账凭证上。

2. 记账凭证应当连续编号

其目的是分清会计事项处理的先后顺序，便于记账凭证与会计账簿之间的核对，确保记账凭证的完整。记账凭证编号的方法有多种，可以按收款、付款、转账三类业务编号，或按现金收付、银行存款收付和转账三类业务编号，也可以按现金收入、现金支出、银行存款收入、银行存款支出和转账五类进行编号，或者将转账业务按照具体内容再分成几类编号。

3. 记账凭证后必须附有原始凭证

除结账和更正错误等外，记账凭证必须附有原始凭证并注明所附原始凭证张数。所附原始凭证张数的计算，一般以原始凭证的自然张数为准。与记账凭证中的经济业务事项记录有关的每一张证据，都应当作为原始凭证的附件。如果记账凭证中附有原始凭证汇总表，则应该把所附的原始凭证和原始凭证汇总表的张数一起计入附件的张数之内。但报销差旅费等零散票券，可以粘贴在一张纸上，作为一张原始凭证。一张原始凭证如涉及几张记账凭证的，可以将该原始凭证附在一张主要的记账凭证后面，在其他记账凭证上注明该主要记账凭证的编号或者附上该原始凭证的复印件。

4．其他要求

（1）记账凭证的填制日期原则上应与发生经济业务的日期一致，但由于凭证的传递需要时间，因此，有的也可以按凭证到达日期填写。如对现金收付款凭证，应以出纳人员实际收付款日期为编制日期；转账凭证应按经济业务发生或完成日期填写。

（2）记账凭证摘要的填写应简明扼要、说明清楚。填写的基本要求是：意思完备，字数简短，字迹清楚。如现金、银行存款的收付事项，应写明收付款人和款项的内容；采购商品要写清品种名、进货来源和批次，并能区分不同供货单位。

（3）会计科目必须按现行统一会计制度规定的全称填写，不得简化，不得用科目编号或外文字母代替，并根据经济业务的内容正确确定会计科目的借贷方和金额。

（4）填制完经济业务事项后的记账凭证，如有空行，应当在金额栏目最后一笔金额数字下的空行处至合计数上的空行处划斜线注销。

（三）会计凭证审核规范

1．原始凭证的审核

对原始凭证进行审核，是确保会计资料质量的重要措施之一。《会计法》明确规定：“会计机构、会计人员必须对原始凭证进行审核，并根据经过审核后的原始凭证编制记账凭证”。

（1）原始凭证审核的内容：

①真实性审核。审核凭证所反映的内容是否符合所发生实际经济业务的情况，数字、文字有无伪造、涂改、重复使用情况，各联之间数额有无不符情况等。主要包括：

a．经济业务的双方当事单位和当事人必须是真实、合法的。

b．经济业务发生的时间、地点和填制日期必须是真实的。

c．经济业务的内容和“量”必须是真实的，“量”指实物量和价值量。

②完整性审核。完整性审核的目的是确定原始凭证的编制是否符合要求，各个项目内容是否填写齐全，数字是否正确。要查看其凭证的各项指标是否完整，名称、商品规格、计量单位、数量、单位、大写、小写金额和填制日期的填写是否正确、清晰。

③合法性审核。合法性审核的内容包括：

a. 原始凭证生成程序的合法性，如企业或个人（具有营业执照的个体户）出具的营业凭证，如发票、运费收据、劳务费收据等，必须是经税务机关批准印制的。购买实物的原始凭证必须附有验收证明，以确认实物已经验收入库。

b. 审查原始凭证所反映的经济业务有无违反财会制度的规定，有无不按计划、预算办事的行为，资金使用是否符合规定，是否扩大了成本费用、开支范围，财产物资的收发、领退是否按照规定办理手续。

（2）原始凭证审核后的处理：

对原始凭证经过审核后，应根据不同的审核结果，进行不同的审核后处理：

①对于内容合法、合理、完整、正确的原始凭证，按规定办理会计手续，据以填制记账凭证，并将原始凭证作为附件粘于记账凭证后面，以备查核。

②对于内容合法、合理而记载不准确、不完整的原始凭证，按规定暂缓办理会计手续，将原始凭证退回业务经办单位或人员，责令改正凭证记录的错误。经责任单位和有关人员更正错误后，对更正后的凭证进行复审，确定无误后准予办理会计手续。

③对于内容完整、正确而不合法、不合理的原始凭证，按规定拒绝办理会计手续，并向单位负责人报告。对于弄虚作假、营私舞弊、欺骗上级等违法乱纪行为应依据法律规定，坚决拒绝执行，并向有关方面反映情况。

2. 记账凭证的审核

记账凭证在记账前，必须经过审核。审核的内容主要是：

（1）记账凭证是否附有原始凭证，所附原始凭证的张数、经济内容、金额、合计等是否与记账凭证一致。

（2）经济业务是否正常，应借、应贷账户的名称和金额是否正确，账户对应关系是否清晰，所用账户的名称是否符合会计制度的规定。

（3）记账凭证中有关项目是否填写齐全，有关人员是否签名或盖章。

审核中如发现差错，应立即查明原因，或予重审或用划线更正法更正，并在更正处由更正人盖章，以示负责。在审核记账凭证时，如发现错误，必须查明原因，按规定办法及时改正。只有经过审核无误的记账凭证，才能据以记账。

（四）会计凭证更正规范

1. 原始凭证的错误更正

为了规范原始凭证的内容，明确相关人员的经济责任，防止利用原始凭证进

行舞弊,《会计法》规定:

(1) 原始凭证所记载的各项内容均不得涂改,随意涂改原始凭证即为无效凭证,不能作为填制记账凭证或登记会计账簿的依据。

(2) 原始凭证记载的内容有错误的,应当重开或更正,此项工作必须由原始凭证出具单位负责,并在更正处加盖出具单位印章。原始凭证金额出现错误,不得更正,只能由原始凭证开出单位重开。因为如果允许随意更改原始凭证上的金额,容易产生舞弊,不利于保证原始凭证的质量。

(3) 原始凭证开具单位应当依法开具准确无误的原始凭证,对填制有误的原始凭证,负有更正和重新开具的法律义务,不得拒绝。

2. 记账凭证的错误更正

(1) 如果在填制记账凭证时发生错误,应当重新填制。

(2) 已经登记入账的记账凭证,在当年内发现填写错误时,可以用红字填写一张与原内容相同的记账凭证,在摘要栏注明"注销某月某日某号凭证"字样,同时再用蓝字重新填制一张正确的记账凭证,注明"更正某月某日某号凭证"字样。

(3) 如果会计科目没有错误,只是金额错误,也可以将正确数字与错误数字之间的差额,另填制一张调整的记账凭证,调增金额用蓝字,调减金额用红字,注明"更正某月某日某号凭证"字样。

(4) 发现以前年度记账凭证有错误的,应当用蓝字填制一张更正的记账凭证。

(五) 会计凭证保管规范

(1) 各单位每年编制的会计凭证,应当由会计机构按照归档要求,负责整理立卷,装订成册。

①记账凭证应当连同所附的原始凭证或者原始凭证汇总表,按照编号顺序,折叠整齐,按期装订成册,并加具封面,注明单位名称、年度、月份和起讫日期、凭证种类、起讫号码,由装订人在装订线封签处签名或者盖章。

②对于数量过多的原始凭证,可以单独装订保管,在封面上注明记账凭证日期、编号、种类,同时在记账凭证上注明"附件另订"和原始凭证名称及编号。

各种经济合同、存出保证金收据以及涉外文件等重要原始凭证,应当另编目录,单独登记保管,并在有关的记账凭证和原始凭证上相互注明日期和编号。

(2) 当年形成的会计档案,在会计年度终了后,可暂由会计机构保管一年,期满之后，应当由会计机构编制移交清册，移交本单位档案机构统一保管；未设立档案机构的，应当在会计机构内部指定专人保管。出纳人员不得兼管会计档案。

移交本单位档案机构保管的会计档案，原则上应保持原卷册的封装。个别需要拆封重新整理的，档案机构应会同会计机构和经办人员共同拆封整理，以分清责任。

（3）原始凭证不得外借，其他单位如因特殊原因需使用原始凭证时，经本单位会计机构负责人、会计主管人员批准，可以复制。向外单位提供的原始凭证复制件，应当在专设的登记簿上登记，并由提供人员和收取人员共同签名或者盖章。

（4）从外单位取得的原始凭证如有遗失，应当取得原开出单位盖有公章的证明，并注明原来凭证的号码、金额和内容等，由经办单位会计机构负责人、会计主管人员和单位领导人批准后，才能代作原始凭证。如果确实无法取得证明的，如火车、轮船、飞机票等凭证，由当事人写明详细情况，由经办单位会计机构负责人、会计主管人员和单位领导人批准后，可代替原始凭证。

三、会计账簿规范

（一）会计账簿设置规范

会计账簿的设置是各企事业单位根据《会计法》《会计基础工作规范》和相关准则、制度原则的规定，结合本单位会计核算业务的需要，建立有关的会计账簿，构成本企业会计核算体系的过程。

会计账簿的设置一般是在企业开张或更换新账之前进行。所有实行独立核算的国家机关、社会团体、公司、企业、事业单位和其他组织都必须依法设置登记会计账簿，并保证其真实、完整。不得违反《会计法》和国家统一的会计制度规定私设会计账簿进行登记。但建账册数以及每册账簿选用的格式可根据企业的实际情况来确定。

1. 总账和日记账的设置

总账和日记账一般采用订本式。选购时结合企业业务量的大小，尽量使选用的账页满足一年所用。活面账装订成册时，应注意纸色、大小的一致，且装订应排齐订紧，以保证账本外形美观，防止账页松动。

账簿封面的颜色，同一年度应力求统一，每年应更换一色，以便于区别。

2．明细账的设置

各种明细分类账按照二级科目设置账户，记录经济业务的明细情况，是对总分类账的必要补充。一般来说，明细账除了记录金额以外，还要记录实物数量、费用与收入的构成、债权债务结算等具体情况。因此，要按照经济业务的不同特点和管理要求，采用不同格式、不同形式的账页。明细账一般采用活页账，有些也采用卡片账。其基本格式主要有"三栏式""数量金额式""多栏式""横线登记式"几种格式。基本生产、辅助生产、制造费用、产品销售费用、经营费用、管理费用和财务费用等科目的明细核算可采用规范化的多栏式明细账。

3．辅助账的设置

辅助账（备查账簿）按其所反映的经济业务事项分别设立账户。如代管物资辅助账是按委托单位和代管物资的品名设立账户，租入固定资产登记簿是按租借单位和固定资产名称设立账户。

4．会计账簿封面的设置

会计账簿应设置封面、标明单位名称、账簿名称及所属会计年度。账簿的扉页，应设立账簿启用表。账簿的第一页，应设置账户目录并注明各账户页次。

5．会计账簿账户的设置

账簿中的总账是按会计科目的名称和顺序设立的，每一个科目设立一个账户。明细账原则上每一个子目设立一个明细账户，但可根据实际情况增设或删减。

为使查找方便，提高登账速度，可以在账簿上方或右面粘贴标签纸，写上会计科目。标签纸的高度标准为：打开账本封面，可见标签纸上科目名称；合上封面，几乎不露标签纸。

（二）会计账簿登记规范

1．会计账簿启用

（1）设置账簿的封面、封底。除订本式账簿不另设封面外，各种活页式账簿均应设置与账页大小一致的账夹、封面、封底，并在封面正中部分设置封签，用蓝黑墨水书写单位名称、账簿名称及所属会计年度。

（2）填写账簿启用及经管人员一览表。新会计账簿启用时，应首先填写在账簿扉页上印制的"账簿启用及交接表"中的启用说明部分，内容包括：启用日期、账簿页数、记账人员和会计机构负责人、会计主管人员姓名，并加盖名章和单位公章。

记账人员或者会计机构负责人、会计主管人员调动工作时，应办理交接手续并填写"账簿启用及交接表"，注明交接日期、接办人员或者监交人员姓名，并由交接双方人员签名或者盖章。

（3）编写账簿页码和账户目录。启用订本式账簿，应当从第一页到最后一页顺序编定页数，不得跳页、缺号。使用活页式账页，应当按账户顺序编号，并须定期装订成册。装订后再按实际使用的账页顺序编定页码，另加目录，记明每个账户的名称和页次。

（4）粘贴印花税票内容：

①使用缴款书缴纳印花税，在账簿启用表右上角注明"印花税"已缴及缴款金额，缴款书作为××××年××月××日第×号记账凭证的原始凭证。

②粘贴印花税票的账簿，印花税票一律贴在账簿启用表的右上角，并在印花税票的中间划两条出头的注销线，以示税票注销。

2．会计账簿的登记

会计人员应根据审核无误的会计凭证登记会计账簿。登记账簿的基本要求是：

（1）登记会计账簿时，将会计凭证日期、编号、业务内容摘要、金额和其他有关资料逐项记入账内，做到数字准确、摘要清楚、登记及时、字迹工整。

（2）登记完毕后，要在记账凭证上签名或者盖章，并注明已经登账的符号，表示已经记账。

（3）账簿中书写的汉字和数字应在簿页格子中留有适当空间，不要写满格子，一般应占格距的1/2。

（4）登记账簿要用蓝黑墨水或者碳素墨水书写，不得使用圆珠笔（银行的复写账簿除外）或者铅笔书写。

（5）下列情况，可以用红色墨水记账：

①按照红字冲账的记账凭证，冲销错误记录。

②在仅设借（贷）方的多栏式账页中，登记冲减数。

③划更正线、结账线和注销线。

④在冲销银行存款日记账时，登记冲销的支票号码。

⑤按暂估价入账的材料或商品，下月初可用红字冲回上述暂估价。

⑥材料按计划成本计价时，发出材料的计划成本大于实际成本时，用红字冲减材料成本差异。

⑦销售产品发生退货时，用红字冲减原先入账的销售收入和销售成本。

⑧账簿一页之内的多余行次，画红色斜线注销。

⑨在没印明余额方向时，用红字表示"负数"。

（6）各种账簿按页次顺序连续登记，不得跳行、隔页。如果发生跳行、隔页，应当将空行、空页划线注销，或者注明"此行空白""此页空白"字样，并由记账人员签名或者盖章。

（7）凡需要结出余额的账户，结出余额后，应当在"借或贷"等栏内写明"借"或者"贷"等字样。没有余额的账户，应当在"借或贷"等栏内写"平"字，并在余额栏内用"0"表示。现金日记账和银行存款日记账必须逐日结出余额。

（8）每一账页登记完毕结转下页时，应当结出本页合计数及余额，写在本页最后一行和下页第一行有关栏内，并在摘要栏内注明"过次页"和"承前页"字样；也可以将本页合计数及金额只写在下页第一行有关栏内，并在摘要栏内注明"承前页"字样。

对需要结计本月发生额的账户，结计"过次页"的本页合计数应当为自本月初起至本页末止的发生额合计数；对需要结计本年累计发生额的账户，结计"过次页"的本页合计数应当为自年初起至本年末止的累计数；对既不需要结计本月发生额也不需要结计本年累计发生额的账户，可以只将每页末的余额结转次页。

（三）对账、结账规范

1. 对账

各单位应当定期将会计账簿记录与实物、款项及有关资料相互核对，保证会计账簿记录与实物及款项的实有数额相符、会计账簿记录与会计凭证的有关内容相符、会计账簿之间相对应的记录相符。

对账包括账簿与凭证的核对、账簿与账簿的核对、账簿与财产物资实存数额的核对。由于对账的内容不同，对账的方法也有所不同，一般的核对方法和内容如下：

（1）账证的核对。账证核对是指将账簿记录与记账凭证、原始凭证进行核对，这是账账相符、账实相符的前提条件。这种核对工作平常是通过编制凭证和记账中的"复核"环节进行的，使错账能及时更正。账证核对的内容包括：总账与记账凭证汇总表是否相符，明细账与记账凭证的会计科目、子目、借贷金额、摘要是否相符，序时明细账与记账凭证及所附原始凭证要核对经济业务的内容及金额；涉及支票的，应核对支票号码；涉及银行其他结算票据的，应核对票据种类，以保证账证相符。

（2）账账的核对。账账核对是指各种账簿之间的有关数字核对相符。通常有：

①总账资产类科目各账户期末余额合计与负债和所有者权益类科目各账户期末余额合计应相等，每一汇总期至少要核对一次。

②总账各账户与所辖明细账户每一汇总期至少核对一次。核对相符后，要在对账符号栏打"√"，以示账簿核对完毕。

③会计部门的总账、明细账与业务、仓储部门的业务账、卡和保管账之间，与有关职能部门的财产、业务周转金（备用金）之间以及有关代管、备查簿之间的账目，包括收、付、存数量和金额，每月至少要核对一次。

（3）账实的核对。账实的核对包括实存数与账存数的核对工作。账实核对的基本内容为：

①现金日记账的账面余额与现金实际库存数额应每日核对，单位主管会计每月至少应抽查一次，并填写库存现金核对情况报告单。

②银行存款日记账的账面余额与开户银行对账单核对。通过核对，每月编制一次银行对账调节表。

③有价证券账户应与单位实存有价证券（或收款收据）相符，每半年至少核对一次。

④商品、产品、原材料及包装物明细账的账面余额，应定期与实存数相核对。

⑤各种债权、债务类明细账的账面余额与债权、债务人相核对，并督促有关责任人积极处理。

⑥出租、租入、出借、借入财产等账簿，除合同期满应进行清查外，至少每半年核对一次，以保证账账相符、账实相符。

2. 结账

结账是指在将本期内所发生的经济业务事项全部登记入账的基础上，按照规定的方法对该期内的账簿记录进行小结，结算出本期发生额合计和余额，并将其余额结转下期或者转入新账。

结账可分为月结、季结和年结等。为了正确反映一定时期内在账簿记录中已经记录的经济业务事项，总结有关经济业务活动和账务状况，各单位必须在会计期末进行结账，不能为赶编财务会计报告而提前结账，更不能先编制财会会计报告后结账。

（1）结账前，应将本期内所发生的经济业务事项全部登记入账，对需要调整的账项要及时调整。

（2）结账时，应当根据不同的账户记录，分别采用不同的方法：

①对不需要按月结计本期发生额的账户，如各项应收、应付款明细账和各项财产物资明细账等，每次记账以后，都要随时结出余额，每月最后一笔余额即为月末余额。月末结账时，只需要在最后一笔经济业务事项记录之下通栏划红单线，不需要再结计一次余额。

②现金、银行存款日记账和需要按月结计发生额的收入、费用等明细账，每月结账时，要在最后一笔经济业务事项记录下面通栏画红线，结出本月发生额和余额，在摘要栏内注明"本月合计"字样，在下面通栏再划红单线。

③需要结计本年累计发生额的某些明细账户，每月结账时，应在"本月合计"行下结出自年初起至本月末止的累计发生额，登记在月份发生额下面，在摘要栏内注明"本年累计"字样，并在下面通栏再划红单线。12月末的"本年累计"就是全年累计发生额，全年累计发生额下通栏划红双线。

④总账账户平时只需结出月末余额。年终结账时，为了总括反映全年各项资金运行情况的全貌，核对账目，要将所有总账账户结出全年发生额和年末余额，在摘要栏内注明"本年合计"字样，并在合计数下通栏划红双线。采用棋盘式总账和科目汇总表代替总账的企事业单位，年终结账，应当汇编一张全年合计的科目汇总表和棋盘式总账。

（3）年度终了结账时，有余额的账户，要将其余额结转下一年度。结转的方法是，将有余额的账户的余额直接记入新账户的余额栏内，不需要编制记账凭证，也不必将余额再记入本年账户的借方或者贷方，使本年有余额的账户的余额变为零。因为，既然年末是有余额的账户，其余额应当如实地在账户中加以反映，否则，容易混淆有余额的账户和没有余额账户的区别。

（四）错账更正规范

会计账簿发生错误时，应当按照规定的更正方法进行更正，更正方法一般有划线更正法、补充登记法、红字更正法三种方法。

（1）在结账以前，如果发现会计账簿记录有文字或数字错误，而记账凭证没有错误，可采用划线更正法。采用划线更正法更正错误时，先在错误的数字或文字上划一条红线以示注销，但所划线条必须使原有字迹仍可辨认，然后在错误数字或文字上方空白处填写正确的数字或文字，并由记账人员和会计机构负责人（会计主管人员）在更正处盖章以示负责。对于文字错误，可只划去错误的部分文字并进行更正；对于数字错误必须全部划掉，不能只划掉单个错误数字。

（2）如果发现记账错误是由记账凭证所列金额小于应记金额而引起的，但记账凭证中所列会计科目及其对应关系均正确，在此情况下，可以采用补充登记法更正记账错误。更正时，按照应记金额与错误数额的差额，用蓝字编制一张记账凭证补充登记。更正的记账凭证应由会计人员和会计机构负责人（会计主管人员）盖章。

（3）如果在记账以后发现记账错误是由于记账凭证所列会计科目有错误或金额多记引起的，可采用红字更正法。红字更正法，一般适用于以下两种情况：

①在记账后发现记账凭证中的应借、应贷的会计科目有错误，可用红字更正法予以更正。更正的方法是，先用红字填制一张与原错误记账凭证完全相同的记账凭证，在摘要栏内注明"冲销某月某日第某号记账凭证的错账"，并据此用红字登记入账，以冲销原有的错误记录；然后用蓝字填制一张正确的记账凭证，在摘要栏内注明"补充某月某日账"，并据此登记入账。

②在记账以后，发现记账凭证和账簿中所记金额大于应记金额，而应借、应贷的会计科目并无错误，也应采用红字更正法。更正的方法是，用红字按多记的金额填制一张应借、应贷会计科目与原错误记账凭证相同的记账凭证，在摘要栏内注明"冲销某月某日第某号记账凭证多记金额"，并据此用红字登记入账，以冲销多记的金额。更正的记账凭证应由会计人员和会计机构负责人（会计主管人员）盖章。

四、财务报告编制规范

（一）财务报告的组成

根据《会计法》的规定，财务会计报告由会计报表、会计报表附注和财务情况说明书组成。

1. 会计报表

会计报表是财务会计报告的主要组成部分。它是根据会计账簿记录和有关资料，按照规定的报表格式，总括反映一定期间的经济活动和财务收支情况及其结果的一种报告文件。公司、企业的会计报表主要包括资产负债表、利润表、现金流量表及有关附表，如表1－2至表1－5所示。

表1－2　资产负债表

编制单位：　　　　　　　　　年　月　日　　　　　　　　单位：

资产	行数	期末余额	期初余额	负债和所有者权益（或股东权益）	行数	期末余额	期初余额
流动资产：				流动负债：			
货币资金	1			短期借款	1		
交易性金融资产	2			交易性金融负债	2		
衍生金融资产	3			衍生金融负债	3		
应收票据及应收账款	4			应付票据及应付账款	4		
预付款项	5			预收款项	5		
其他应收款	6			合同负债	6		
存货	7			应付职工薪酬	7		
合同资产	8			应交税费	8		
持有待售资产	9			其他应付款	9		
一年内到期的非流动资产	10			持有待售负债	10		
其他流动资产	11			一年内到期的非流动负债	11		
流动资产合计	12			其他流动负债	12		
非流动资产：				流动负债合计	13		
债权投资	13			非流动负债：			
其他债权投资	14			长期借款	14		
长期应收款	15			应付债券	15		
长期股权投资	16			其中：优先股	16		
其他权益工具投资	17			永续债	17		
其他非流动金融资产	18			长期应付款	18		
投资性房地产	19			预计负债	19		
固定资产	20			递延收益	20		
在建工程	21			递延所得税负债	21		
生产性生物资产	22			其他非流动负债	22		
油气资产	23			非流动负债合计	23		
无形资产	24			负债合计	24		
开发支出	25			所有者权益（或股东权益）：			
商誉	26			实收资本（或股本）	25		
长期待摊费用	27			其他权益工具	26		
递延所得税资产	28			其中：优先股	27		
其他非流动资产	29			永续债	28		
非流动资产合计	30			资本公积	29		
				减：库存股	30		

资产	行数	期末余额	期初余额	负债和所有者权益（或股东权益）	行数	期末余额	期初余额
				其他综合收益	31		
				盈余公积	32		
				未分配利润	33		
				所有者权益合计	34		
资产总计	31			负债和所有者权益（或股东权益）总计	35		

表1-3 利润表

编制单位：　　　　　　年　月　日　　　　　　单位：

项目	行次	本期金额	上期金额
一、营业收入	1		
减：营业成本	2		
税金及附加	3		
销售费用	4		
管理费用	5		
研发费用	6		
财务费用	7		
其中：利息费用	8		
利息收入	9		
资产减值损失	10		
信用减值损失	11		
加：其他收益	12		
投资收益（损失以"-"号填列）	13		
其中：对联营企业和合营企业的投资收益	14		
净敞口套期收益（损失以"-"号填列）	15		
公允价值变动收益（损失以"-"号填列）	16		
资产处置收益（损失以"-"号填列）	17		
二、营业利润（亏损以"-"号填列）	18		
加：营业外收入	19		
减：营业外支出	20		
三、利润总额（亏损总额以"-"号填列）	21		
减：所得税费用	22		
四、净利润（净亏损以"-"号填列）	23		
（一）持续经营净利润（净亏损以"-"号填列）	24		
（二）终止经营净利润（净亏损以"-"号填列）	25		

项目	行次	本期金额	上期金额
五、其他综合收益的税后净额	26		
（一）不能重分类进损益的其他综合收益			
（以下略）			
（二）将重分类进损益的其他综合收益			
（以下略）			

表1－4　现金流量表

项目	本期金额	上期金额
一、经营活动产生的现金流量：		
处置交易性金融资产净增加额		
收取利息、手续费及佣金的现金		
拆入资金净增加额		
回购业务资金净增加额		
收到其他与经营活动有关的现金		
经营活动现金流入小计		
支付利息、手续费及佣金的现金		
支付给职工以及为职工支付的现金		
支付的各项税费		
支付其他与经营活动有关的现金		
经营活动现金流出小计		
经营活动产生的现金流量净额		
二、投资活动产生的现金流量：		
收回投资收到的现金		
取得投资收益收到的现金		
收到其他与投资活动有关的现金		
投资活动现金流入小计		
投资支付的现金		
购建固定资产、无形资产和其他长期资产支付的现金		
支付其他与投资活动有关的现金		
投资活动现金流出小计		
投资活动产生的现金流量净额		
三、筹资活动产生的现金流量：		
吸收投资收到的现金		
发行债券收到的现金		
收到其他与筹资活动有关的现金		

项目	本期金额	上期金额
筹资活动现金流入小计		
偿还债务支付的现金		
分配股利、利润或偿付利息支付的现金		
支付其他与筹资活动有关的现金		
筹资活动现金流出小计		
筹资活动产生的现金流量净额		
四、汇率变动对现金及现金等价物的影响		
五、现金及现金等价物净增加额		
加：期初现金及现金等价物余额		
六、期末现金及现金等价物余额		

表1—5　发生额及余额试算平衡表

编制单位：　　　　　　　　　年　　月　　日　　　　　　　单位：

总账科目	期初余额		本期发生额		期末余额	
	借方余额	贷方金额	借方余额	贷方金额	借方余额	贷方金额

2. 会计报表附注

会计报表附注是对会计报表的补充说明，也是财务会计报告的重要组成部分。会计报表附注主要包括两项内容：一是对会计报表各要素的补充说明；二是对那些会计报表中无法描述的其他财务信息的补充说明。以公司、企业为例，会计报表附注的内容一般包括：会计报表各项目的增减变动情况；公司、企业所采用的基本会计假设；公司、企业所采用的主要会计政策、会计估计及其变更；关联方关系及其交易；或有事项和资产负债表日后事项；其他重大事项等。

3. 财务情况说明书

财务情况说明书是对单位一定会计期间内财务、成本等情况进行分析总结的书面文字报告，也是财务会计报告的重要组成部分。公司、企业的财务情况说明书的内容一般包括：公司、企业生产经营状况；税金缴纳情况；各种财产物资变动情况；其他需要说明的事项。

（二）财务报告的编制要求

根据《会计法》规定，会计报告编报的基本要求是数字真实、计算准确、内容完整、报送及时。

财务会计报告编报的具体要求如下。

1. 关于编制依据的要求

编制财务会计报告，必须根据经过审核无误的会计账簿记录和有关资料进行，做到数字真实、计算准确、内容完整、说明清楚，任何人不得篡改或者授意、指使、强令他人篡改财务会计报告的有关数字。

2. 关于编制格式的要求

编制财务会计报告，应当根据国家统一的会计制度规定的格式和要求进行，认真编写会计报表附注及其说明，做到项目齐全、内容完整。

3. 关于编制标准一致的要求

单位向不同的会计资料使用者提供的财务会计报告，其编制的依据应当一致。会计报表之间、会计报表各项目之间，凡有对应关系的数字，应当相互一致；本期会计报表与上期会计报表之间的有关数字应当相互衔接；如果不同会计年度会计报表中各项目的内容和核算方法有变更的，应当在年度会计报表中加以说明。

（三）编制会计报表前的准备工作

在编制会计报表前的准备阶段，主要进行以下工作。

1. 检查当期业务是否全部入账

认真检查当期发生的各项经济业务是否已全部填制记账凭证，并据以登记与业务相关的总分类账、明细分类账和日记账。检查时尤其应注意，有无将当期经济业务推移至下期入账或下期经济业务提前至当期入账的情况，如有上述情况，应于结账前分别进行相应处理。

2. 根据权责发生制原则整理（调整）账簿记录

在实行权责发生制的单位，应按照当期发生的权利和义务计算收入与支出的要求，确定当期的经营成果；需要编制调整分录，据以调整账簿记录。调整记录包括应计账项调整和期末账项结转。其中，应计账项调整有：按工资总额规定比例提取应付职工薪酬、工会经费；按规定比例提取机器设备的折旧费；预提当月应负担银行借款利息；计算当期应交税费等事项。期末账项结转有：将当期的全部销售收入、营业外收入结转至本年利润账户；将与收入对应的销售成本、销售税金、销售费用、营业外支出同时结转至本年利润账户；将已发放工资分配计入各有关账户；汇总结转当期的材料消耗，确定期末库存材料成本；汇集间接费用，将其分配结转至生产成本账户；计算完工产品成本，结转到产成品账户；计算销售成本，结转至销售成本账户等事项。

3. 核对账簿记录保证账账相符

会计报表主要依据账簿资料所编制，为保证报表指标的正确无误，必须在编表前检查账簿记录的正确性。核对账目包括内部核对和外部核对两方面内容。内部核对要将总账账户的借方余额合计与贷方余额合计相核对。外部核对以往来款项为对象，如与国家税务部门之间应交、已交税款的核对，与银行之间借款、还款的核对等。通过账目的内部核对和外部核对，保证账账相符，为编制会计报表准备前提条件。

4. 清查财产保证账实相符

为保证会计报表指标的真实可信，还要求账簿所记录的各项财产结存情况应与实际结存情况保持一致，因此，要进行账实核对，以确保账实相符。在编制会计报表前，按照有关规定应对全部财产进行财产清查。对于清查中出现的盘盈、盘亏和损失等情况，应编制相应的会计分录，并据以登记入账，使各项财产的账面记录结存数与实际结存数保持一致，为编制会计报表奠定客观基础。

5. 结束当期账簿记录

在确认当期发生的经济业务、调整账项及有关转账业务已全部登记入账后，分别结计总分类账、日记账、明细分类账和明细账各账户的当期发生额和余额，结束本期账簿记录。企事业单位不得在办理结账手续前编制会计报表，也不得为赶编会计报表而提前结账。

（四）编制会计报表的一般方法

1. 资产负债表的编制

资产负债表包括表首、正表、附表及附注等内容。表首说明企业的名称、报表名称、编制报表的日期、计量单位。补充资料、附注和附列资料的数据应根据有关账户及备查簿的记录分析填列，必要时加以文字解释和说明。

资产负债表"年初数"栏内各项数字，应根据上年末资产负债表"期末数"栏内所列数字填列。资产负债表"期末数"栏内各项数字，应根据会计账簿记录填列。大多数报表项目可以直接根据账户余额填列，少数报表项目则要根据账户余额进行分析、计算后才能填列。

2. 利润表的编制

利润表是反映企业经营成果的动态报表，所以在编制时，应根据有关损益类账户的发生额填列。

（五）会计报表的审核、报送和保管规范

1. 会计报表的审核

为了保证会计报表正确无误，会计报表编制完成以后，必须对报表编制的完整性、合理性、正确性和真实性经过认真审核，才能上报。

会计报表审核的主要内容有：

（1）会计报表的种类是否按要求填制齐全，要求填列的项目是否全部填列。

（2）会计报表各项目数字是否正确，有关小计、合计、总计或差额计算是否正确；表内及表与表之间的勾稽关系是否正确。

（3）会计报表中需要加以说明的问题，是否有相应的文字说明，补充资料是否填列完整。

审核会计报表是一项细致工作，各企业单位应指派专人负责审核工作，以保证报表的质量符合要求。

2. 会计报表的报送和保管

会计报表审核无误后，应及时报送。对外报送的财务报告，应当依次编写页码，加具封面，装订成册，加盖公章。封面上应当注明：单位名称，单位地址，财产报告所属年度、季度、月度，送出日期，并由单位负责人和主管会计工作的负责人、会计机构负责人（会计主管人员）签名并盖章；设置总会计师的单位，还须由总会计师签名并盖章。会计报表编制完成并按时报送后，留存的报表也应按月装订成册。

会计报表的装订顺序是：

（1）会计报表封面。

（2）会计报表编制说明。

（3）各种会计报表按会计报表的编号顺序排列。

（4）会计报表封底。会计报表在会计部门保管一年，满一年后应开列清册，移交档案部门进行保管。若会计报表由会计部门负责归档保管的，应设专屋或专柜保管。

思考题

1. 财会技能综合实训的一般要求有哪些？

2. 会计书写规范分为几个方面？

3. 会计凭证审核规范有哪些？

第二章　流动资产

导论：

流动资产（Current Assets）是指企业可以在一年或者超过一年的一个营业周期内变现或者运用的资产，是企业资产中必不可少的组成部分。流动资产在周转过渡中，从货币形态开始，依次改变其形态，最后又回到货币形态（货币资金→储备资金、固定资金→生产资金→成品资金→货币资金），各种形态的资金与生产流通紧密结合，周转速度快，变现能力强。加强对流动资产业务的审计，有利于确定流动资产业务的合法性、合规性，有利于检查流动资产业务账务处理的正确性，揭露其存在的弊端，提高流动资产的使用效益。本章主要讲解货币资金与存货。

学习目标：

1. 掌握货币资金的内容及控制。

2. 理解货币资金的分类及相对应的会计处理。

3. 掌握存货取得、发出和期末计价及其核算方法，原材料实际成本法的核算，原材料计划成本法的核算，库存商品的核算，周转材料的核算，委托加工物资的核算。

4. 理解存货的清查和处理方法。

5. 了解存货的定义及其特征、存货的分类和内容。

第一节　货币资金

一、货币资金概述

（一）货币资金的内容

货币资金是企业经营过程中以货币形态存在的资产，是企业资产的重要组成部分，也是企业资产中流动性较强的一种资产，货币资金业务概述如图 2—1 所示。任何企业要进行生产经营活动都必须拥有货币资金，持有货币资金是进行生产经营活动的基本条件。货币资金作为支付手段。可用于支付各项费用、清偿各种债务及购买其他资产，因而具有普遍的可接受性。根据货币资金的存放地点及其用途的不同，货币资金分为现金、银行存款、其他货币资金。就会计核算而言，货币资金的核算并不复杂，但由于货币资金具有高度的流动性，因而在组织会计核算过程中，加强货币资金的管理和控制是至关重要的。货币资金明细表如表 2－1 所示。

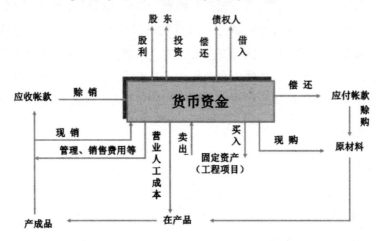

图 2－1　货币资金业务

表 2－1　货币资金明细表

开户银行及分行名称/保存现金单位名称	账户号码	货币种类	原币金额	账面人民币余额	其中：			年利率%	备注
					期限在 3 个月以内（含 3 个月）的定期存款	期限在 3 个月以外的定期存款	活期存款		
货币资金合计									
一、银行存款小计									
其他银行存款（请另外分列明细）									
二、现金小计									
其它现金									

开户银行及分行名称/保存现金单位名称	账户号码	货币种类	原币金额	账面人民币余额	其中：			年利率%	备注
					期限在3个月以内（含3个月）的定期存款	期限在3个月以外的定期存款	活期存款		
三、其他货币资金小计									
1. 外阜存款									
2. 银行汇票存款									
3. 银行本票存款									
4. 信用卡存款									
5. 信用证存款									
6. 存出投资款									
7. 委托投资款									
8. 其他									

（二）货币资金的控制

货币资金是企业资产中流动性较强的资产，加强对其管理和控制，对于保障企业资产安全完整、提高货币资金周转和使用效益具有重要的意义。加强对货币资金的控制，应当结合企业生产经营特点，制定相应的控制制度并监督实施。一般说来，货币资金的管理和控制应当遵循如下原则：

（1）严格职责分工。将涉及货币资金不相容的职责分由不同的人员担任，形成严密的内部牵制制度，以减少和降低货币资金管理上舞弊的可能性。

（2）实行交易分开。将现金支出业务和现金收入业务分开进行处理，防止将现金收入直接用于现金支出的坐支行为。

（3）实行内部稽核。设置内部稽核单位和人员，建立内部稽核制度，以加强对货币资金管理的监督，及时发现货币资金管理中存在的问题，改进对货币资金的管理控制。

（4）实施定期轮岗制度。对涉及货币资金管理和控制的业务人员实行定期轮换岗位。通过轮换岗位，减少货币资金管理和控制中产生舞弊的可能性，并及时发现有关人员的舞弊行为。

二、现金

(一) 现金的概念及范围

现金是货币资金的重要组成部分,作为通用的支付手段,也是对其他资产进行计量的一般尺度和会计处理的基础。它具有不受任何契约的限制、可以随时使用的特点。可以随时用其购买所需的物资,支付有关的费用,偿还债务,也可以随时存入银行。由于现金是流动性最强的一种货币资金,企业必须对现金进行严格的管理和控制,使现金能在经营过程中合理通畅地流转,提高现金使用效益,保护现金安全。

现金有狭义的概念和广义的概念之分。狭义的现金仅指库存现金,包括人民币现金和外币现金。我国会计实务中定义的现金即为狭义的现金,而很多西方国家较多地采用了广义的现金概念。广义的现金除库存现金外,还包括银行存款,也包括其他符合现金定义、可以普遍接受的流通中的票证,如个人支票、旅行支票、银行汇票、银行本票、邮政汇票等。但下列各项不应列为现金:

(1) 企业为取得更高收益而持有的金融市场的各种基金、存款证以及其他类似的短期有价证券,这些项目应列为短期投资。

(2) 企业出纳手中持有的邮票、远期支票、被退回或止付的支票、职工借条等。其中,邮票应作为库存办公用品或待摊费用;欠款客户出具的远期支票应作为应收票据;因出票人存款不足而被银行退回或出票人通知银行停止付款的支票,应转为应收账款;职工借条应作为其他应收款。

(3) 其他不受企业控制、非日常经营使用的现金。例如,公司债券偿债基金、受托人的存款、专款专储等供特殊用途使用的现金。

(二) 现金的内部控制

由于现金是交换和流通手段,又可以当做财富来储蓄,其流动性又最强,因而最容易被挪用或侵占。因此,任何企业都应特别重视现金的管理。现金流动是否合理和恰当,对企业的资金周转和经营成败至关重要。为确保现金的安全与完整,企业必须建立健全现金内部控制制度。而且,由于现金是一项非生产性资产,除存款利息外不能为企业创造任何价值,因此企业的现金在保证日常开支需要的前提下不应持有过多,健全现金内部控制制度有助于企业保持合理的现金存量。

当然,现金内部控制的目的并不是发现差错,而是要减少发生差错、舞弊、欺诈的机会。一个有效的内部控制制度，不允许由单独一个人自始至终地操纵和处理一笔业务的全过程。必须在各自独立的部门之间有明确合理的分工，不允许一个人兼管现金的收入和支付，不允许经管现金的人员兼管现金的账册。内部控制制度在一定程度上起到保护现金资产安全的作用。此外，也可以利用电子计算机监管各项记录的正确性和提高现金收付的工作效率。

健全的现金内部控制制度包括：现金收入控制、现金支出控制和库存现金控制三个部分。

1. 现金收入的内部控制

现金收入主要与销售产品或提供劳务的活动有关，所以应健全销售和应收账款的内部控制制度，作为现金收入内部控制制度的基础。

现金收入控制的目的是要保证全部现金收入都无一遗漏地入账。其基本内容有：

（1）签发现金收款凭证（即收据）与收款应由不同的经办人员负责办理。一般由销售部经办销售业务的人员填制销货发票和收款收据，会计部门出纳员据以收款，其他会计人员据以入账。处理现金收入业务的全过程由不同人员办理，可以确保销货发票金额、收据金额和入账金额完全一致，能达到防止由单独一个人经办可能发生弊端的目的，起到相互牵制的作用。

（2）一切现金收入必须当天入账，尽可能在当天存入银行，不能在当天存入银行的，应该于次日上午送存银行，防止将现金收入直接用于现金支出的"坐支"行为。

（3）一切现金收入都应无一例外地开具收款收据。对收入款有付款单位开给的凭证，会计部门在收到时，仍应开具收据给交款人，以分清彼此责任。

（4）建立"收据销号"制度，监督收入款项的入账。即根据开出收据的存根与已入账的收据联，按编号、金额逐张核对，核对无误后予以注销。作废的收据应全联粘贴在存根上。"收据销号"的目的是确保已开出的收据无一遗漏地收到了款项，且现金收入全部入账。

（5）控制收款收据和销货发票的数量和编号。领用收据应由领用人签收领用数量和起讫编号。收据存根由收据保管人收回，回收时要签收，并负责保管。要定期查对尚未使用的空白收据，防止短缺遗失。已使用过的收据和发票应清点、登记、封存和保管，并按规定手续审批后销毁。

（6）对于邮政汇款，在收到时应由两人会同拆封，并专门登记有关来源、金额和收据情况。

（7）企业从开户银行提取现金，应当写明用途，加盖预留银行印签，经开户银行审核后，予以支付现金。

2. 现金支出的内部控制

现金支出控制的目的是要保证不支付任何未经有关主管认可批准付款的款项。现金支出要遵守国家规定的结算制度和现金管理办法。其基本内容有：

（1）支付现金要符合国家规定的现金使用范围。根据国务院颁发的《现金管理暂行条例》的规定，下列几种情况允许企业使用现金结算：

①支付职工的工资、津贴；

②个人劳务报酬；

③支付给个人的科学技术、文化艺术、体育等各项奖金；

④向个人收购农副产品或其他物资而支付的款项；

⑤各种劳保、福利费用以及国家规定的对个人的其他支出，如支付的各种抚恤金、退休金、社会保险和社会救济支出；

⑥出差人员必须随身携带的差旅费；

⑦转账结算起点以下（1000元）的零星开支；

⑧中国人民银行规定的其他使用现金的范围。

（2）与付款相关的授权、采购、出纳、记账工作应由不同的经办人员负责，不能职责不分，一人兼管。

（3）支票的签发至少要由两人签字或盖章，以相互牵制、互相监督。

（4）任何款项的支付都必须以原始凭证作为依据，由经办人员签字证明，分管主管人员审批，并经有关会计人员审核后，出纳人员方能据以办理付款。

（5）付讫的凭证要盖销"银行付讫"或"现金付讫"章，并定期装订成册，由专人保管，以防付款凭证遭盗窃、窜改和重复报销等情况的发生。

按照上述内部控制的内容，处理现金支出业务应遵照规定的程序进行。

3. 库存现金的内部控制

库存现金控制的目的是要确定合理的库存现金限额，并保证库存现金的安全、完整。其基本内容有：

（1）正确核定库存现金限额，超过限额的现金应及时送存银行。库存现金限额应由开户银行和企业共同根据企业的日常零星开支的数额及距离银行远近等因素确定。企业一般保留三到五天的零用现金，最多不得保留超过15天的零用现金。库存现金限额一经确定，超过部分必须在当天或次日上午由企业解交银行。未经银行许可，企业不得擅自坐支现金。确实情况特殊，需坐支现金的，应由企业向银行提交坐支申请，在银行批准的坐支额度内坐支，并按期向银行报告坐支情况。库存现金低于限额时，企业可向银行提取现金，补充限额。

（2）出纳人员必须及时登记现金记账，做到日清月结，不得以不符合财务制度和会计凭证手续的"白条"和单据抵充库存现金；不准谎报用途套取现金；不准用银行账户代其他单位和个人存入或支取现金；不准将单位收入的现金以个人名义存储，即"公款私存"；不准保留账外公款，不得设置小金库等。每天营业终了后要核对库存现金和现金日记账的账面余额，发现账实不符，要及时查明原因并予以处理。

（3）内部审计或稽核人员要定期对库存现金进行核查，也可根据需要进行临时抽查。

在实务中，不同企业由于其业务性质、经营规模、人员数量、现金的来源渠道和支出用途等因素不同，其现金控制制度也不尽相同。然而，不同条件下设立内部控制制度应遵循的基本原则是相同的。其基本原则主要体现在两个方面：第一，实施处理现金业务的合理分工，即现金收支业务包括授权、付款、收款和记录等各个环节，应由不同的人员来完成，以便形成严密的内部牵制制度。第二，加强银行对现金收支的控制和监督，即企业应尽可能保持最少量的库存现金，绝大部分现金应存入银行，主要的现金支出都使用支票通过银行办理。这样，不仅可以减少保存大量库存现金的成本和风险，而且银行提供的对账单也为检查现金收支记录的正确性提供了依据。

（三）现金业务的会计处理

为加强对现金的核算，企业应设置"现金"账。"现金"账户借方反映由于现销、提现等而增加的现金，贷方反映由于现购、现金送存银行、发放工资、支付其他费用等而减少的现金。该账户期末借方余额反映企业实际持有的库存现金。

另外，为随时掌握现金收付的动态和库存余额，保证现金的安全，企业必须设置"现金日记账"，按照业务发生的先后顺序逐笔序时登记。每日终了，应根据登记的"现金日记账"结余数与实际库存数进行核对，做到账实相符。月份终了，"现金日记账"的余额必须与"现金"总账的余额核对相符。

有外币现金收支业务的单位，应当按照人民币现金、外币现金的币种设置现金账户进行明细核算。

1. 一般现金业务的账务处理

例1：签发现金支票，由银行提现 2 000 元。

借：现金 2 000

　　贷：银行存款 2 000

例 2：采购员李林预借 3 000 元差旅费。

借：其他应收款——李林 3 000

　　贷：现金 3 000

2．现金溢缺的账务处理

企业平时应经常由内部审计部门或稽核人员检查现金的收付存情况。另外，每日终了结算现金收支或财产清查等，发现有待查明原因的现金短缺或溢余，应及时进行账务处理。

发生的现金溢余或短缺通过"待处理财产损溢"科目核算。查明原因后，如为现金短缺，属于应由责任人赔偿的部分，由"待处理财产损溢"账户转入"其他应收款××个人"；属于应由保险公司赔偿的部分，由"待处理财产损溢"账户转入"其他应收款应收保险赔款"；属于无法查明的其他原因，根据管理权限，经批准后记入"管理费用"，确认为当期损益。如为现金溢余，属于应支付给有关人员或单位的，由"待处理财产损溢"账户转入"其他应付款——××个人或单位"；属于无法查明原因的现金溢余，经批准后，记入"营业外收入——现金溢余"。

三、银行存款

银行存款是企业存放在银行或其他金融机构的货币资金。依国家有关规定，凡是独立核算的单位都必须在当地银行开设账户。企业在银行开设账户以后，超过限额的现金必须存入银行；除按规定限额保留库存现金和在规定的范围内可以用现金直接支付的款项外，在经营过程中所发生的一切货币收支业务，都必须通过银行存款账户进行结算。

（一）银行存款账户的管理

1．银行存款账户的类型

正确开立和使用银行账户是做好资金结算工作的基础，企业只有在银行开立了存款账户，才能通过银行同其他单位进行结算，办理资金的收付。

《中国人民银行账户管理办法》将企事业单位的存款账户划分为四类，即基本存款账户、一般存款账户、临时存款账户和专用存款账户。

一般企事业单位只能选择一家银行的一个营业机构开立一个基本存款账户，

主要用于办理日常的转账结算和现金收付，企事业单位的工资、奖金等现金的支取只能通过该账户办理；企事业单位可在其他银行的一个营业机构开立一个一般存款户，该账户可办理转账结算和存入现金，但不能支取现金；临时存款账户是存款人因临时经营活动需要开立的账户，如临时采购资金等；专用存款账户是企事业单位因特定用途需要开立的账户，如基本建设项目专项资金。

2. 银行存款账户的管理

为了加强对基本存款账户的管理，企事业单位开立基本存款账户实行开户许可证制度，必须凭中国人民银行当地分支机构核发的开户许可证办理。对银行存款账户的管理规定如下：

（1）企事业单位不得为还贷、还债和套取现金而多头开立基本存款账户；

（2）不得出租、出借银行账户；

（3）不得违反规定在异地存款和贷款而开立账户；

（4）任何单位和个人不得将单位的资金以个人名义开立账户存储。

（二）银行结算方式的种类

在我国，企业日常与其他企业或个人的大量的经济业务往来，都是通过银行结算的，银行是社会经济活动中各项资金流转结算的中心。为了保证银行结算业务的正常开展，使社会经济活动中各项资金得以通畅流转，根据《中华人民共和国票据法》和《票据管理实施办法》，中国人民银行总行对银行结算办法进行了全面的修改和完善，形成了《支付结算办法》，并于1997年12月1日正式施行。

《支付结算办法》规定，企业目前可以选择使用的票据结算工具主要包括银行汇票、银行本票、商业汇票和支票，可以选择使用的结算方式主要包括信用卡以及汇兑、委托收款和托收承付几种结算方式，另外还有一种国际贸易采用的结算方式，即信用证结算方式。

1. 银行汇票

银行汇票是由出票银行签发的，由其在见票时按照实际结算金额无条件支付给收款人或持票人的票据。银行汇票具有使用灵活、票随人到、兑现性强等特点，适用于先收款后发货或钱货两清的商品交易。单位和个人各种款项结算，均可使用银行汇票。

银行汇票可以用于转账，填明"现金"字样的银行汇票也可以用于支取现金。银行汇票的付款期为1个月。超过付款期限提示付款不获付款的，持票人须在票据权利时效内向出票银行作出说明，并提供本人身份证件或单位证明，持银行汇票和解讫通知向出票银行请求付款。丧失的银行汇票，失票人可凭人民法院出具的其享有票据权利的证明向出票银行请示付款或退款。

企业支付购货款等款项时，应向出票银行填写"银行汇票申请书"，填明收款人名称、支付人、申请人、申请日期等事项并签章，签章为其预留银行的印签。银行受理银行汇票申请书，收妥款项后签发银行汇票，并用压数机压印出票金额，然后将银行汇票和解讫通知一并交给汇款人。

申请人取得银行汇票后即可持银行汇票向填明的收款单位办理结算。银行汇票的收款人可以将银行汇票背书转让给他人。背书转让以不超过出票金额的实际结算金额为限，未填写实际结算金额或实际结算金额超过出票金额的银行汇票不得背书转让。

收款企业在收到付款单位送来的银行汇票时，应在出票金额以内，根据实际需要的款项办理结算，并将实际结算金额和多余金额准确清晰地填入银行汇票和解讫通知的有关栏内。银行汇票的实际结算金额低于出票金额的，其多余金额由出票银行退交申请人。收款企业还应填写进账单并在汇票背面"持票人向银行提示付款签章"处签章，签章应与预留银行的印鉴相同，然后，将银行汇票和解讫通知、进账单一并交开户银行办理结算，银行审核无误后，办理转账。

2. 银行本票

银行本票是由银行签发的、承诺自己在见票时无条件支付确定的金额给收款人或者持票人的票据。银行本票由银行签发并保证兑付，而且见票即付，具有信誉高、支付功能强等特点。用银行本票购买材料物资，销货方可以见票付货，购货方可以凭票提货，债权债务双方可以凭票清偿。收款人将本票交存银行，银行即可为其入账。无论单位或个人，在同一票据交换区域都可以使用银行本票支付各种款项。

银行本票分为定额本票和不定额本票：定额本票面值分别为 1 000 元、5 000元、10 000 元、50 000 元。在票面划去转账字样的为现金本票。

银行本票的付款期限为自出票日起最长不超过 2 个月，在付款期内银行本票见票即付；超过提示付款期限不获付款的，在票据权利时效内向出票银行作出说明，并提供本人身份证或单位证明，可持银行本票向银行请求付款。

企业支付购货款等款项时，应向银行提交"银行本票申请书"，填明收款人名称、申请人名称、支付金额、申请日期等事项并签章。申请人或收款人为单位的，银行不予签发现金银行本票。出票银行受理银行本票申请书后，收妥款项签发银行本票。不定额银行本票用压数机压印出票金额，出票银行在银行本票上签章后交给申请人。

申请人取得银行本票后，即可向填明的收款单位办理结算。收款单位可以根据需要在票据交换区域内背书转让银行本票。

收款企业在收到银行本票时，应该在提示付款时在本票背面"持票人向银行提示付款签章"处加盖预留银行印鉴，同时填写进账单，连同银行本票一并交开户银行转账。

3. 商业汇票

商业汇票是出票人签发的、委托付款人在指定日期无条件支付确定的金额给收款人或者持票人的票据。在银行开立存款账户的法人以及其他组织之间须具有真实的交易关系或债权债务关系，才能使用商业汇票。商业汇票的付款期限由交易双方商定，但最长不得超过6个月。商业发票的提示付款期限自汇票到期日起10日内。

存款人领购商业汇票，必须填写"票据和结算凭证领用单"并加盖预留银行印鉴；存款账户结清时，必须将全部剩余空白商业汇票交回银行注销。

商业汇票可以由付款人签发并承兑，也可以由收款人签发交由付款人承兑。定日付款或者出票后定期付款的商业汇票，持票人应当在汇票到期日前向付款人提示承兑；见票后定期付款的汇票，持票人应当自出票日起1个月内向付款人提示承兑。汇票未按规定期限提示承兑的，持票人即丧失对其前手的追索权。付款人应当自收到提示承兑的汇票之日起3日内承兑或者拒绝承兑。付款人拒绝承兑的，必须出具拒绝承兑的证明。商业汇票可以背书转让。符合条件的商业承兑汇票的持票人可持未到期的商业承兑汇票连同贴现凭证，向银行申请贴现。

商业汇票按承兑人不同分为商业承兑汇票和银行承兑汇票两种。

(1) 商业承兑汇票

商业承兑汇票是由银行以外的付款人承兑。商业承兑汇票按交易双方约定，由销货企业或购货企业签发，但由购货企业承兑。承兑时，购货企业应在汇票正面记载"承兑"字样和承兑日期并签章。承兑不得附有条件，否则视为拒绝承兑。汇票到期时，购货企业的开户银行凭票将票款划给销货企业或贴现银行。销货企业应在提示付款期限内通过开户银行委托收款或直接向付款人提示付款。对异地委托收款的，销货企业可匡算邮程，提前通过开户银行委托收款。汇票到期时，如果购货企业的存款不足以支付票款，开户银行应将汇票退还销货企业，银行不负责付款，由购销双方自行处理。

（2）银行承兑汇票

银行承兑汇票由银行承兑，由在承兑银行开立存款账户的存款人签发。承兑银行按票面金额向出票人收取万分之五的手续费。

购货企业应于汇票到期前将票款足额交存其开户银行，以备由承兑银行在汇票到期日或到期日后的见票当日支付票款。销货企业应在汇票到期时将汇票连同进账单送交开户银行以便转账收款。承兑银行凭汇票将承兑款项无条件转给销货企业，如果购货企业于汇票到期日未能足额交存票款时，承兑银行除凭票向持票人无条件付款外，对出票人尚未支付的汇票金额按照每天万分之五计收罚息。

采用商业汇票结算方式，可以使企业之间的债权债务关系表现为外在的票据，使商业信用票据化，加强约束力，有利于维护和发展社会主义市场经济。对于购货企业来说，由于可以延期付款，可以在资金暂时不足的情况下及时购进材料物资，保证生产经营顺利进行。对于销货企业来说，可以疏通商品渠道，扩大销售，促进生产。汇票经过承兑，信用较高，可以按期收回货款，防止拖欠，在急需资金时，还可以向银行申请贴现，融通资金，比较灵活。销货企业应根据购货企业的资金和信用情况不同，选用商业承兑汇票或银行承兑汇票；购货企业应加强资金的计划管理，调度好货币资金，在汇票到期以前，将票款送存开户银行，保证按期承付。

4. 支票

支票是单位或个人签发的、委托办理支票存款业务的银行在见票时无条件支付确定的金额给收款人或者持票人的票据。

支票结算方式是同城结算中应用比较广泛的一种结算方式。单位和个人在同一票据交换区域的各种款项结算，均可以使用支票。支票由银行统一印制，支票上印有"现金"字样的为现金支票。支票上印有"转账"字样的为转账支票，转账支票只能用于转账。未印有"现金"或"转账"字样的为普通支票，普通支票可以用于支取现金，也可以用于转账。在普通支票左上角划两条平行线的，为划线支票，划线支票只能用于转账，不得支取现金。

支票的提示付款期限为自出票日起 10 日内，中国人民银行另有规定的除外。超过提示付款期限的，持票人开户银行不予受理，付款人不予付款。转账支票可以根据需要在票据交换区域内背书转让。

存款人领购支票，必须填写"票据和结算凭证领用单"并加盖预留银行印鉴。存款账户结清时，必须将全部剩余空白支票交回银行注销。

企业财会部门在签发支票之前，出纳人员应该认真查明银行存款的账面结余数额，防止签发超过存款余额的空头支票。签发空头支票，银行除退票外，还按票面金额处以 5％但不低于 1 000 元的罚款。持票人有权要求出票人赔偿支票金额 2％的赔偿金。签发支票时，应使用蓝黑墨水或碳素墨水，将支票上的各要素填写齐全，并在支票上加盖其预留的银行印鉴。出票人预留银行的印鉴是银行审核支票付款的依据。银行也可以与出票人约定使用支付密码，作为银行审核支付支票金额的条件。

5. 信用卡

信用卡是指商业银行向个人和单位发行的，凭以向特约单位购物、消费和向银行存取现金、且具有消费信用的特制载体卡片。

信用卡按使用对象分为单位卡和个人卡；按信誉等级分为金卡和普通卡。

凡在中国境内金融机构开立基本存款账户的单位可申领单位卡。单位卡可申领若干张，持卡人资格由申领单位法定代表人或其委托的代理人书面指定和注销，持卡人不得出租或转借信用卡。单位卡账户的资金一律从其基本存款账户转账存入，在使用过程中，需要向其账户续存资金的，也一律从其基本存款账户转账存入，不得交存现金，不得将销货收入的款项存入其账户。单位卡一律不得用于 10 万元以上的商品交易、劳务供应款项的结算，不得支取现金。

信用卡在规定的限额和期限内允许善意透支，关于透支额，金卡最高不得超过 10 000 元，普通卡最高不得超过 5 000 元。透支期限最长为 60 天。透支利息，自签单日或银行记账日起 15 日内按日息万分之五计算；超过 15 日，则按日息万分之十计算；超过 30 日或透支金额超过规定限额的，按日息万分之十五计算。透支计算不分段，按最后期限或者最高透支额的最高利率档次计息。超过规定限额或规定期限，并且经发卡银行催收无效的透支行为称为恶意透支，持卡人使用信用卡不得发生恶意透支。严禁将单位的款项存入个人卡账户中。

单位或个人申领信用卡，应按规定填制申请表，连同有关资料一并送交发卡银行。符合条件并按银行要求交存一定金额的备用金后，银行为申领人开立信用卡存款账户，并发给信用卡。

6. 汇兑

汇兑是汇款人委托银行将其款项支付给收款人的结算方式。单位和个人的各种款项的结算，均可使用汇兑结算方式。

汇兑分为信汇、电汇两种。信汇是指汇款人委托银行通过邮寄方式将款项划转给收款人。电汇是指汇款人委托银行通过电报将款项划给收款人。这两种汇兑方式由汇款人根据需要选择使用。汇兑结算方式适用于异地之间的各种款项结算。这种结算方式划拨款项简便、灵活。

企业采用这一结算方式，付款单位汇出款项时，应填写银行印发的汇款凭证，列明收款单位名称、汇款金额及汇款的用途等项目，送达开户银行，委托银行将款项汇往收汇银行。收汇银行将汇款收进单位存款账户后，向收款单位发出收款通知。

7．委托收款

委托收款是收款人委托银行向付款人收取款项的结算方式。无论单位还是个人都可凭已承兑商业汇票、债券、存单等付款人债务证明办理同城或异地款项收取。委托收款还适用于收取电费、电话费等付款人众多且分散的公用事业费等有关款项。

委托收款结算款项划回的方式分为邮寄和电报两种。

企业委托开户银行收款时，应填写银行印制的委托收款凭证和有关的债务证明。在委托收款凭证中写明付款单位名称，收款单位名称、账号及开户银行，委托收款金额的大小写，款项内容，委托收款凭据名称及附寄单证张数等。企业的开户银行受理委托收款后，将委托收款凭证寄交付款单位开户银行，由付款单位开户银行审核，并通知付款单位。

付款单位收到银行交给的委托收款凭证及债务证明，应签收并在3天之内审查债务证明是否真实，是否是本单位的债务，确认之后通知银行付款。

付款单位应在收到委托收款通知的次日起3日内，主动通知银行是否付款。如果不通知银行，银行视同企业同意付款并在第4日，从单位账户中付出此笔委托收款款项。

付款人在3日内审查有关债务证明后，认为债务证明或与此有关的事项符合拒绝付款的规定，应出具拒绝付款理由书和委托收款凭证第五联及持有的债务证明，向银行提出拒绝付款。

8．托收承付

托收承付是根据购销合同由收款人发货后委托银行向异地付款人收取款项，由付款人向银行承认付款的结算方式。使用托收承付结算方式的收款单位和付款单位，必须是国有企业、供销合作社以及经营管理较好、并经开户银行审查同意的城乡集体所有制工业企业。办理托收承付结算的款项，必须是商品交易，以及因商品交易而产生的劳务供应的款项。代销、寄销、赊销商品的款项，不得办理托收承付结算。

托收承付款项划回方式分为邮寄和电报两种，由收款人根据需要选择使用；收款单位办理托收承付，必须具有商品发出的证件或其他证明。托收承付结算每笔的金额起点为 10 000 元，新华书店系统每笔金额起点为 1 000 元。

采用托收承付结算方式时，购销双方必须签有符合《中华人民共和国经济合同法》的购销合同，并在合同上订明使用托收承付结算方式。销货企业按照购销合同发货后，填写托收承付凭证，盖章后连同发运证件（包括铁路、航运、公路等运输部门签发的运单、运单副本和邮局包裹回执）或其他符合托收承付结算的有关证明和交易单证送交开户银行办理托收手续。

销货企业开户银行接受委托后，将托收结算凭证回联退给企业，作为企业进行账务处理的依据，并将其他结算凭证寄往购货单位开户银行，由购货单位开户银行通知购货单位承认付款。

购货企业收到托收承付结算凭证和所附单据后，应立即审核是否符合订货合同的规定。按照《支付结算办法》的规定，承付货款分为验单付款与验货付款两种，这在双方签定合同时约定。验单付款是购货企业根据经济合同对银行转来的托收结算凭证、发票账单、托运单及代垫运杂费等单据进行审查无误后，即可承认付款。为了便于购货企业对凭证的审核和筹措资金，结算办法规定承付期为 3 天，从付款人开户银行发出承付通知的次日算起（承付期内遇法定休假日顺延）。购货企业在承付期内，未向银行表示拒绝付款，银行即视作承付，并在承付期满的次日（法定休假日顺延）上午银行开始营业时，将款项主动从付款人的账户内付出，按照销货企业指定的划款方式，划给销货企业。验货付款是购货企业待货物运达企业，对其进行检验与合同完全相符后才承认付款。为了满足购货企业组织验货的需要，结算办法规定承付期为 10 天，从运输部门向购货企业发出提货通知的次日算起。承付期内购货企业未表示拒绝付款的，银行视为同意承付，于 10 天期满的次日上午银行开始营业时，将款项划给收款人。为满足购货企业组织验货的需要，对收付双方在合同中明确规定，并在托收凭证上注明验货付款期限的，银行从其规定。

对于下列情况，付款人可以在承付期内向银行提出全部或部分拒绝付款：

（1）没有签订购销合同或购销合同未订明托收承付结算方式的款项；

（2）未经双方事先达成协议，收款人提前交货或因逾期交货付款人不再需要该项货物的款项；

  （3）未按合同规定的到货地址发货的款项；

  （4）代销、寄销、赊销商品的款项；

  （5）验单付款，发现所列货物的品种、规格、数量、价格与合同规定不符。或货物已到，经查验货物与合同规定或发货清单不符的款项；

  （6）验货付款，经查验货物与合同规定或与发货清单不符的款项；

  （7）货款已经支付或计算错误的款项。

  不属于上述情况的，购货企业不得提出拒付。

  购货企业提出拒绝付款时，必须填写"拒绝付款理由书"，注明拒绝付款理由，涉及合同的应引证合同上的有关条款。属于商品质量问题，需要提出质量问题的证明；属于外贸部门进口商品，应当提出国家商品检验或运输等部门出具的证明，向开户银行办理拒付手续。

  银行同意部分或全部拒绝付款的，应在拒绝付款理由书上签注意见，并将拒绝付款理由书、拒付证明、拒付商品清单和有关单证邮寄收款人开户银行转交销货企业。

  付款人开户银行对付款人逾期支付的款项，根据逾期付款金额和逾期天数，按每天万分之五计算逾期付款赔偿金。逾期付款天数从承付期满日算起。银行审查拒绝付款期间不算作付款人逾期付款，但对无理的拒绝付款而增加银行审查时间的，从承付期满日起计算逾期付款赔偿金。赔偿金实行定期扣付，每月计算一次，于次月 3 日内单独划给收款人。赔偿金的扣付列为企业销货收入扣款顺序的首位。付款人账户余额不足支付时，应排列在工资之前，并对该账户采取"只收不付"的控制办法，直至足额扣付赔偿金后才准予办理其他款项的支付，由此产生的经济后果由付款人自负。

  9．信用证

  信用证结算方式是国际结算的一种主要方式。经中国人民银行批准经营结算业务的商业银行总行以及经商业银行总行批准开办信用证结算业务的分支机构，也可以办理国内企业之间商品交易的信用证结算业务。

  采用信用证结算方式的，收款单位收到信用证后，即备货装运，签发有关发票账单，连同运输单据和信用证，送交银行，根据退还的信用证等有关凭证编制收款凭证；付款单位在接到开证行的通知时，根据付款的有关单据编制付款凭证。

企业通过银行办理支付结算时应当认真执行国家各项管理办法和结算制度。中国人民银行颁布的《支付结算办法》规定：

（1）单位和个人办理结算，不准签发没有资金保证的票据或远期支票，套取银行信用；

（2）不得签发、取得或转让没有真实交易和债权债务的票据，套取银行和他人的资金；

（3）不准无理拒绝付款，任意占用他人资金；

（4）不准违反规定开立和使用账户。

（三）银行存款业务的会计处理

为正确核算银行存款，企业应按开户银行和其他金融机构、存款种类等，分别设置"银行存款日记账"，由出纳人员根据收付款凭证，按照业务的发生顺序逐笔登记，每日终了应结出余额。该账户借方反映由于销售、收回款项、现金送存银行等而增加的银行存款，贷方反映由于购货、支付款项、提现等而减少的银行存款；期末借方余额，反映企业实际存在银行或其他金融机构的款项。月末"银行存款日记账"账面余额应与"银行存款"总账余额核对相符。

有外币存款的企业，应分别为人民币和各种外币设置"银行存款日记账"进行明细核算。

"银行存款日记账"应定期与"银行对账单"核对。至少每月核对一次。月度终了，企业银行存款日记账账面余额与银行对账单余额之间如有差额，必须逐笔查明原因进行处理，并按月编制"银行存款余额调节表"调节相符。

企业应加强对银行存款的管理，并定期对银行存款进行检查。如果有确凿证据表明存在银行或其他金融机构的款项已经部分不能收回，或者全部不能收回，如吸收存款的单位已宣告破产，其破产财产不足以清偿的部分，或者全部不能清偿的，应当作为当期损失，记入"营业外支出"科目。

（四）银行存款余额的调节

企业每月应将银行存款日记账余额与银行对账单余额进行核对，以检查企业银行存款记录的正确性。

1. 银行存款余额差异的原因

企业银行存款日记账余额与银行对账单余额往往不一致，造成差异的原因是多方面的，主要有：

（1）银行或企业的某一方或双方漏记某一项或几项交易；

（2）银行或企业的某一方或双方记账错误；

（3）存在未达账项。

未达账项是指由于企业与银行取得凭证的时间不同，导致记账时间不一致发生的一方已取得结算凭证且登记入账，而另一方由于尚未取得结算凭证尚未入账的款项。未达账项一般有四种情况：

第一，企业已收款入账而银行尚未入账的款项，即企业已收，银行未收。如企业销售产品收到支票，送存银行后即可根据银行盖章退回的"进账单"回单联登记银行存款的增加，但由于银行尚未办妥兑收手续而未入账。在这种情况下，若不考虑其他因素，则企业"银行日记账"余额要大于"银行对账单"余额。

第二，企业已付款入账而银行尚未入账的款项，即企业已付，银行未付。如企业开出支票支付购料款，企业根据支票存根、发票等凭证登记银行存款的减少，而银行由于收款人尚未持票向银行兑取而未入账。在这种情况下，若不考虑其他因素，则企业"银行存款日记账"余额要小于"银行对账单"余额。

第三，银行已收款入账而企业尚未入账的款项，即银行已收，企业未收。如银行已收妥企业托收的款项，已登记企业银行存款增加，企业由于尚未收到银行的收款通知而未入账，或已收到银行的收账通知但未及时入账。在这种情况下，若不考虑其他因素，则企业"银行存款日记账"余额小于"银行对账单"余额。

第四，银行已付款入账而企业尚未入账的款项，即银行已付，企业未付。如银行代企业直接支付的各种费用，银行已作为企业存款的减少入账，但企业尚未接到凭证而未入账，或已收到凭证但尚未及时入账。在这种情况下，若不考虑其他因素，则企业"银行存款日记账"余额要大于"银行对账单"余额。

2. **银行存款余额调节表的编制**

企业银行存款日记账余额与银行对账单余额的差异，可通过编制银行存款余额调节表进行调节，并通过核对调节后余额是否一致，进一步检查企业银行存款记录的正确性，保证账实相符。

银行存款余额调节表有两种格式：一种格式是以企业银行存款日记账余额（或银行对账单余额）为起点，加减调整项目，调整到银行对账单余额（或企业银行存款日记账余额）；另一种格式是分别以企业银行存款日记账余额和银行对账单余额为起点，加减各自的调整项目，分别得出两个调节后的余额。在会计实务中较多地采用了后一种格式。

如果调节后的银行存款日记账余额与银行对账单余额相符，一般表明双方记账正确（但也不排除存在差错的可能性，如两个差错刚好互相抵消，对余额没有影响）。如果调节后的余额还是有差异，则在已调整了全部未达账项情况下，表明记账有错误，应进一步查找并予以更正；否则，依然存在未调整的未达账项或记账错误。

3．银行存款余额调节后的账务处理

对造成银行存款日记账与银行对账单余额差异的各项因素，应根据具体情况进行不同的处理。

（1）记账错误的处理

企业通过编制银行存款余额调节表发现的银行记账错误，应及时通知银行，予以更正；对于发现的自身记账错误，应根据错误类型采用划线更正法、红字更正法或补充登记法及时编制调整分录并登记入账。

（2）未达账项的处理

按照国际惯例，对于银行已入账，企业未入账的未达账项，应编制调整分录并登记入账。

我国现行会计实务对未达账项的处理与上述国际惯例完全不同。我国现行会计制度规定，对于未达账项不能以银行存款余额调节表作为原始凭证，据以调整银行存款账面记录。只有等到有关结算凭证到达企业时，才能据以进行相应的账务处理，且在下一月度应关注上月银行的未达账项是否及时入账。这一做法虽简化了会计核算，防止重复记账，但不利于财务状况的公允表达。因此，参照国际惯例，我国会计实务对未达账项的处理可作如下适当调整：

第一，月末不做账务处理，但对其中重大未达账项应在报表附注中加以披露；

第二，月末先将企业未记录的未达账项登记入账，下月初再将其转回，等收到有关凭证后再做正常处理。

四、其他货币资金

在企业的经营资金中，有些货币资金的存放地点和用途与库存现金和银行存款不同，如外埠存款、银行汇票存款、银行本票存款等，需要设置"其他货币资金"账户以集中反映这些资金，以示它与现金、银行存款的区别。在"其他货币资金"账户之下，可分设外埠存款、银行汇票存款、银行本票存款、信用卡存款、信用证保证金存款、存出投资款等明细账户。

（一）外埠存款

外埠存款是指企业到外地进行临时或零星采购时，汇往采购地银行开立采购专户的款项。企业将款项委托当地银行汇往采购地开立专户时，记入"其他货币资金"，收到采购员交来供应单位发票账单等报销凭证时，贷记本科目。将多余的外埠存款转回当地银行时，根据银行的收账通知，借记"银行存款"，贷记"其他货币资金"。

（二）银行汇票存款

银行汇票存款是指企业为取得银行汇票按规定存入银行的款项。企业在填送"银行汇票申请书"并将款项交存银行，取得银行汇票后，根据银行盖章退回的申请书存根联，借记本科目；企业使用银行汇票后，根据发票账单等有关凭证，贷记本科目；如有多余款或因汇票超过付款期等原因而退回款项，根据开户银行转来的银行汇票第四联（多余款收账通知）载明的金额，贷记本科目。

（三）银行本票存款

银行本票存款是指企业为取得银行本票按规定存入银行的款项。企业向银行提交"银行本票申请书"并将款项交存银行，取得银行本票后，根据银行盖章退回的申请书存根联，借记本科目；企业使用银行本票后根据发票账单等有关凭证，贷记本科目；因本票超过付款期等原因而要求退款时，应当填制一式两联的进账单，连同本票一并送交银行，根据银行盖章退回的进账单第一联，贷记本科目。

（四）信用卡存款

信用卡存款是指企业为取得信用卡按照规定存入银行的款项。企业应按照规定填制申请表，连同支票和有关资料一并送交发卡银行，根据银行盖章退回的进账单第一联，借记本科目；企业使用信用卡购物或支付有关费用，贷记本科目；企业信用卡在使用过程中需要向其账户续存资金的，其处理同申请时的处理。

（五）信用证保证金存款

信用证保证金存款是指企业为取得信用证按规定存入银行的保证金。企业向银行申请开立信用证，应按规定向银行提交开证申请书、信用证申请人承诺书和购销合同。企业向银行缴纳保证金，根据银行盖章退回的进账单第一联，借记本科目；根据开证行交来的信用证来单通知书及有关单据列明的金额贷记本科目。

（六）存出投资款

存出投资款是指企业已存入证券公司但尚未进行短期投资的现金。企业向证券公司划出资金时，按实际划出的金额借记本科目；购买股票、债券时，按实际发生的金额，贷记本科目。

第二节　存货

一、认识存货

（一）存货概述

1. 存货的定义

存货，是指企业在日常活动中持有以备出售的产成品或商品、处在生产过程中的在产品、在生产过程或提供劳务过程中耗用的材料与物料等。存货主要包括原材料、在产品、半成品、产成品、库存商品、周转材料等。但是，为工程准备的各种工程物资，不属于存货。

2. 存货的特征

存货具有以下三个方面的特征。

（1）存货是有形资产

存货具有实物形态，无形资产没有实物形态，这是存货和无形资产相区分的一个重要特点。

（2）有较强的流动性

在企业经营活动中，存货处于不断销售、耗用、购买或重置中，具有较强的变现能力和较强的流动性。

（3）有实效性和发生潜在损失的可能性

在正常的生产经营过程中，存货能够规律地转变成货币资产或其他资产，但长期不能耗用的存货，就可能变成积压物资或降价销售，从而造成企业损失。

（二）存货的确认条件

某项资源是否属于存货，应当同时满足存货的定义和确认条件。存货的确认条件包括以下两个方面。

1. **与该存货有关的经济利益很可能流入企业**

企业在确认存货时，需要判断与该项存货相关的经济利益是否很可能流入企业，这主要通过判断与该项存货所有权相关的风险和报酬是否转移到了企业来确定。一般而言，取得存货的所有权是与存货相关的经济利益很可能流入本企业的一个重要标志。在实务中，企业在判断与存货相关的经济利益是否很可能流入企业时，主要结合该项存货所有权的归属情况进行分析。

2. **该存货的成本能够可靠计量**

作为企业资产的组成部分，要确认存货，企业必须能够对其成本进行可靠计量。存货的成本能够可靠计量必须以取得确凿、可靠的证据为依据，并且具有可验证性。如果存货成本不能可靠计量，则不能确认为企业的存货。

（三）存货的分类

存货按不同的管理要求有不同的分类，一般将存货分为原材料、在产品、半成品、产成品、库存商品、周转材料六种。

1. **原材料**

原材料，指企业在生产过程中经加工改变其形态或性质并构成产品主要实体的各种原料及主要材料、辅助材料、外购半成品（外购件）、修理用备件（备品备件）、包装材料、燃料等。

2. **在产品**

在产品，指企业正在制造尚未完工的产品，包括正在各个生产工序加工的产品和已加工完毕但尚未检验或已检验但尚未办理入库手续的产品。

3. **半成品**

半成品，指经过一定生产过程并已检验合格交付半成品仓库保管，但尚未制造完工成为产成品，仍需进一步加工的中间产品。

4. **产成品**

产成品，指工业企业已经完成全部生产过程并验收入库，可以按照合同规定的条件送交订货单位或者可以作为商品对外销售的产品。企业接受外来原材料加工制造的代制品和为外单位加工修理的代修品，制造和修理完成验收入库后，应视同企业的产成品。

5. **库存商品**

库存商品，指企业已完成全部生产过程并已验收入库，合乎标准规格和技术条件，可以按照合同规定的条件送交订货单位，或可以作为商品对外销售的产品以及外购或委托加工完成验收入库用于销售的各种商品。

6. 周转材料

周转材料,指企业能够多次使用但不符合固定资产定义的材料,主要包括低值易耗品和包装物。

二、存货的成本与计量

(一)存货初始成本的确认

《企业会计准则第1号——存货》规定:企业应当按照成本对存货进行初始计量。存货的成本主要包括采购成本(购买价款、相关税费、运输费、装卸费等)、加工成本和使存货达到目前场所和状态所发生的合理的必要的支出。企业存货主要是外购取得和自行建造取得。不同方式取得的存货,其成本构成是不同的,主要包括以下三种情况。

1. 外购存货的成本

企业外购存货主要包括原材料和商品。外购存货的成本即存货的采购成本,指企业物资从采购到入库前所发生的全部支出,包括购买价款、相关税费、运输费、装卸费、保险费以及其他可归属于存货采购成本的费用。

商品流通企业在采购商品过程中发生的运输费、装卸费、保险费以及其他可归属于存货采购成本的相关费用,应计入所购商品成本。在实务中,企业也可以将发生的运输费、装卸费、保险费、其他可归属于存货采购成本的费用等进货费用先进行归集;期末,按照所购商品的存销情况进行分摊。

2. 加工取得存货的成本

企业通过进一步加工取得的存货,主要包括产成品、在产品、半成品、委托加工物资等,其成本由采购成本和加工成本构成。某些存货还包括使存货达到目前场所和状态所发生的其他成本,如可直接认定的产品设计费用等。在加工取得存货的成本中,采购成本是由所使用或消耗的原材料采购成本转移而来的,因此,计量加工取得的存货成本,重点是要确定存货的加工成本。

存货加工成本由直接人工和制造费用构成,其实质是企业在进一步加工存货的过程中追加发生的生产成本,因此,不包括直接由材料存货转移来的价值。

3. 其他方式取得存货的成本

企业取得存货的其他方式主要包括接受投资者投资、非货币性资产交换、债务重组、企业合并以及存货盘盈等。

（1）投资者投入存货的成本

投资者投入存货的成本，应当按照投资合同或协议约定的价值确定，但合同或协议约定的价值不公允的除外。在投资合同或协议约定的价值不公允的情况下，按照该项存货的公允价值作为其入账价值。

（2）通过非货币性资产交换、债务重组、企业合并等方式取得的存货的成本

企业通过非货币性资产交换、债务重组、企业合并等方式取得的存货，其成本应当分别按照《企业会计准则第7号——非货币性资产交换》《企业会计准则第12号——债务重组》和《企业会计准则第20号——企业合并》等的规定确定。但是，这些方式取得的存货的后续计量和披露应当执行《企业会计准则第1号——存货》的规定。

（3）盘盈存货的成本

盘盈的存货应按其重置成本作为入账价值，并通过"待处理财产损溢"科目进行会计处理，按管理权限报经批准后，冲减当期管理费用。

在确定存货成本的过程中，以下各项费用均不得计入存货成本，在其发生时直接计入当期损益。

①非正常消耗的直接材料、直接人工及制造费用，应计入当期损益，不得计入存货成本。

②仓储费用，指企业在采购入库后发生的储存费用，应计入当期损益。但是，在生产过程中为达到下一个生产阶段所必需的仓储费用则应计入存货成本。

③不能归属于使存货达到目前场所和状态的其他支出，不符合存货的定义和确认条件，应在发生时计入当期损益，不得计入存货成本。

（二）发出存货成本的确认方法

企业发出存货的计价方法主要包括实际成本法和计划成本法。发出存货如采用实际成本法核算，期末存货的余额就是存货的实际成本，不需要调整；如采用计划成本法核算，期末应将存货的计划成本调整为实际成本。

1. 实际成本法

企业应当根据管理的要求、存货的流转方式等具体情况，合理地选择发出存货成本的确认方法，对于用途相同的存货，应当采用一致的成本确认方法。企业如果选择实际成本法核算发出存货成本，具体方法包括先进先出法、个别计价法、月末一次加权平均法和移动加权平均法。

（1）先进先出法

先进先出法是假设"先入库的存货先发出，不考虑存货的实际流转方式"，

并根据这种假设的成本流转顺序来确认发出存货成本的一种常用方法。采用先进先出法，先购入的存货成本在后购入存货成本之前转出，据此确认发出存货以及期末存货的实际成本。

先进先出法的优点是可以随时结转发出存货的成本，成本核算比较准确。先进先出法的缺点是成本计算过程比较繁杂，工作量比较大；在持续通货膨胀的时候，期末存货的成本接近于市价，而发出存货的成本偏低，会导致高估企业当期利润和库存存货的价值；在持续通货紧缩的时候，则会低估企业存货价值和当期利润。

（2）个别计价法

个别计价法亦称个别认定法、具体辨认法、分批实际法，是假设存货的实物流转与成本流转相同，按照各种存货逐一辨认各次发出存货和期末存货所属的购进批别或生产批别，分别按其购入或生产时所确定的单位成本计算各批发出存货和期末存货成本的方法。个别计价法把每一种存货的实际成本作为计算发出存货成本和期末存货成本的基础。

个别计价法的优点是成本计算非常准确，符合存货的实际情况；缺点是在存货收发频繁的情况下，其发出成本分辨的工作量较大，核算工作比较繁杂。因此，个别计价法适用于数量较少、单位价值较高的存货，如金银、珠宝、专用器具、名贵字画等贵重物品。

（3）月末一次加权平均法

月末一次加权平均法，是指以本月全部进货数量加上月初结存存货数量作为权数，去除本月全部进货成本加上月初存货成本，计算出存货的加权平均单位成本，以此为基础计算本月发出存货的成本和期末存货的成本的一种方法。计算公式如下。

存货单位成本＝［月初库存存货的实际成本＋∑（本月各批进货的实际单位成本×本月各批进货的数量）］÷（月初库存存货数量＋本月各批进货数量之和）

本月发出存货成本＝本月发出存货的数量×存货单位成本

本月月末库存存货成本＝月末库存存货的数量×存货单位成本

或

本月月末库存存货成本＝月初库存存货的实际成本＋本月购入存货的实际成本－本月发出存货的实际成本

采用月末一次加权平均法核算的优点是月末一次性计算存货的加权平均单价，计算比较简单，有利于节约成本计算工作；缺点是只有到月末才能计算平均单价，平时无法从账上反映存货的发出成本和结存存货的成本，不利于存货成本的日常管理与控制。

（4）移动加权平均法

移动加权平均法，是指以每次进货的成本加上原有库存存货的成本，除以每次进货数量加上原有库存存货的数量，据以计算加权平均单位成本，作为在下次进货前计算各次存货发出成本的一种方法。计算公式如下。

存货单位成本＝（原有库存存货的实际成本＋本次进货的实际成本）÷（原有库存存存货数量＋本次进货数量）

本次发出存货的成本＝本次发出存货数量×本次发货前存货的单位成本

本月月末库存存货成本＝月末库存存货的数量×本月月末存货单位成本

采用移动平均法的优点是方便企业管理层及时掌握存货发入库、出库和结存的情况，通过计算确定的平均单位成本以及发出和结存的存货成本比较真实客观；缺点是每次存货入库都需要重新计算平均单位成本，计算工作量比较大，核算过程比较繁杂，对收发货较频繁的企业不适用。

2. 计划成本法

计划成本法，是指存货的入库、出库和结余均按计划成本计价，同时通过设置相应成本差异科目，记录和结转实际成本与计划成本的差额，期末将发出和结存存货的成本调整为实际成本的一种计价方法。

发出存货应负担的成本差异，必须按月分摊，不得在季末或年末一次计算。发出存货应负担的成本差异，除委托外部加工发出存货可以按月初成本差异率计算外，都应使用当月的实际成本差异率；如果月初的成本差异率与本月成本差异率相差不大的，也可按月初的成本差异率计算。计算方法一经确定，不得随意变更。以材料为例，计算公式如下：

期初材料成本差率＝期初结存材料的成本差异/期初结存材料的计划成本×100％

本期材料成本差异率＝（期初结存材料的成本差异＋本期验收入库材料的成本差异）/（期初结存材料的计划成本＋本期验收入库材料的计划成本）×100％

本月发出材料应负担的成本差异＝本月发出材料的计划成本×材料成本差异率

本月发出材料的实际成本＝本月发出材料的计划成本±本月发出材料应负担的成本差异

本月结存材料的实际成本＝本月结存材料的计划成本±本月结存材料应负担的成本差异

注意：本月入库存货的计划成本中不包括暂估入账的存货的计划成本。

企业应按照存货的类别或品种，如原材料、包装物、低值易耗品等，对材料成本差异进行明细核算，不能使用一个综合差异率来分摊发出存货和库存存货应负担的材料成本差异。

（三）期末计量

在资产负债表日，存货应当按照成本与可变现净值孰低计量。成本与可变现净值孰低计量，是指对期末存货按照成本与可变现净值两者之中较低者计量的方法。存货的成本高于其可变现净值的，按其差额计提存货跌价准备；存货的成本低于其可变现净值的，按其成本计量，不计提存货跌价准备，但原已计提存货跌价准备的，应在已计提存货跌价准备金额的范围内转回。

三、原材料的核算

（一）原材料核算概述

1. 原材料的定义

原材料，是指企业在生产过程中经过加工改变其形态或性质并构成产品主要实体的各种原料、主要材料和外购半成品，以及不构成产品实体但有助于产品形成的各种辅助材料。

2. 原材料的内容

原材料具体包括原料及主要材料、辅助材料、外购半成品（外购件）、修理用备件（备品备件）、包装材料、燃料等。原材料的日常收发及结存，可以采用实际成本核算，也可以采用计划成本核算。

（二）应设置的会计科目

1. "原材料"科目

为了核算原材料的增减变动及其余额，企业应设置"原材料"科目。该科目属于资产类科目，借方登记入库材料的实际成本或计划成本，贷方登记发出材料的实际成本或计划成本；期末余额在借方，表示企业库存材料的实际成本或计划成本。

2. "在途物资"科目

为了核算在实际成本法下购入但尚未验收入库材料的情况，企业应设置"在途物资"科目。该科目属于资产类科目，借方登记企业购入的在途物资的实际成本，贷方登记验收入库的在途物资的实际成本；期末余额在借方，表示企业在途物资的采购成本。

3."材料采购"科目

为了核算在计划成本法下购入材料的情况，企业应设置"材料采购"科目。该科目属于资产类科目，借方登记采购材料的实际成本，贷方登记入库材料的计划成本。借方发生额大于贷方发生额表示超支，将余额从本科目贷方转入"材料成本差异"科目的借方；贷方发生额大于借方发生额表示节约，将余额从本科目借方转入"材料成本差异"科目的贷方；期末为借方余额，表示企业在途材料的采购成本。

4."材料成本差异"科目

为了核算在计划成本法下入库、出库材料的成本差异情况，企业应设置"材料成本差异"科目。该科目属于资产类科目，借方登记入库超支差异及发出材料应负担的节约差异，贷方登记入库节约差异及发出材料应负担的超支差异。期末如为借方余额，表示企业库存材料的实际成本大于计划成本的差异（即超支差异）；如为贷方余额，表示企业库存材料实际成本小于计划成本的差异（即节约差异）。

（三）按实际成本法核算

1.取得原材料的核算

企业取得原材料的具体情况不同，其账务处理也不太相同，企业取得原材料的核算主要包括以下几种情况。

（1）购入原材料的业务处理

①材料和单据同时到达。

购入材料时的会计分录：

借：原材料

　　应交税费——应交增值税（进项税额）

　　贷：应付账款

　　　　应付票据

　　　　银行存款等

②材料已到，单据未到。

企业购入的材料已经入库，到月底发票账单尚未收到，应当按暂估价值入账。

a. 购入材料，发票账单未到时的会计分录：

借：原材料

    贷：应付账款——暂估应付账款

b. 下个月月初，用红字冲销的会计分录：

借：原材料（金额用红字）

    贷：应付账款——暂估应付账款（金额用红字）

③单据已到，材料未到。

企业购入材料，如果发票账单已到达，材料尚未验收入库时的会计分录：

借：在途物资

    应交税费——应交增值税（进项税额）

    贷：应付账款

        应付票据

        银行存款等

④款项已付，材料尚未到达。

企业购入材料，如果款项已付，材料尚未验收入库，企业应分步核算。

a. 预付款购买材料时的会计分录如下：

借：预付账款

    贷：银行存款

b. 发出材料并补付余款时的会计分录如下：

借：在途物资

    应交税费——应交增值税（进项税额）

    贷：预付账款

        银行存款等

（2）投资者投入原材料的业务处理

投资者投入的原材料，按确定的实际成本入账的会计分录如下：

借：原材料

    应交税费——应交增值税（进项税额）（增值税专用发票上注明的增值税税额）

    银行存款（收到的补价）

    贷：实收资本（或股本）（在注册资本中所占有的份额）

        资本公积（差额）

2. 发出原材料的核算

采用实际成本法进行材料核算的企业，发出原材料的实际成本，可以采用先进先出法、月末一次加权平均法、移动加权平均分法、个别计价法计算确定。对不同的原材料可以采用不同的计价方法，但是，原材料的计价方法一经确定，不得随意变更。特殊情况需要变更，应当在会计报表附注中披露。

(1) 生产经营领用原材料的会计分录如下：

借：生产成本——基本生产成本

　　　　　　——辅助生产成本

　　制造费用

　　销售费用

　　管理费用

　　在建工程等

　　贷：原材料（按领用材料的实际成本入账）

(2) 出售原材料时的会计分录如下：

借：银行存款（按已收的价款入账）

　　应收账款等

　　贷：其他业务收入

　　　　应交税费——应交增值税（销项税额）

同时结转成本：

借：其他业务成本（发出原材料的实际成本）

　　贷：原材料

(四) 按计划成本法核算

材料采用计划成本法核算时，材料的收发及结存，无论是总分类核算还是明细分类核算，均按照计划成本计价。核算时，材料的实际成本与计划成本的差异，通过"材料成本差异"科目核算。月末，计算本月发出材料应负担的成本差异并进行分摊，根据领用材料的用途计入相关资产的成本或者当期损益，从而将发出材料的计划成本调整为实际成本。

1. 购入原材料的核算

(1) 购入材料时的会计分录如下：

借：材料采购（材料的实际成本）

　　应交税费——应交增值税（进项税额）

　　贷：应付票据

　　　　应付账款

　　　　银行存款等

　　（2）材料已入库，月底尚未收到发票账单的，应当按暂估价值入账的会计分录如下：

　　借：原材料

　　　　贷：应付账款——暂估应付账款

　　下月初用红字冲销时的会计分录：

　　借：原材料（金额用红字）

　　　　贷：应付账款——暂估应付账款（金额用红字）

　　（3）材料验收入库并结转材料成本差异时的会计分录如下：

　　材料采用计划成本法核算的，验收入库时，应当按照计划成本验收入库，将材料采购的实际成本与计划成本之间的差异，转入材料成本差异。

　　①入库材料实际成本大于计划成本时的会计分录如下：

　　借：原材料（计划成本）

　　　　材料成本差异（超支差异）

　　　　　　贷：材料采购（实际成本）

　　②入库材料实际成小于计划成本时的会计分录如下：

　　借：原材料（计划成本）

　　　　贷：材料采购（实际成本）

　　　　　　材料成本差异（节约差异）

　　2．按计划成本发出材料

　　材料采用计划成本核算的，月末，企业根据领料单等编制"发料凭证汇总表"结转发出材料的计划成本，应当根据所发出材料的用途，按计划成本分别计入"生产成本""制造费用""销售费用""管理费用"等科目。

　　（1）领用材料时的会计分录如下：

　　借：生产成本——基本生产成本

　　　　　　　　——辅助生产成本

　　　　制造费用

　　　　销售费用

　　　　管理费用

　　　　其他业务成本

在建工程等

贷：原材料（计划成本）

（2）月末结转发出材料应负担的超支差异时的会计分录如下：

借：生产成本——基本生产成本

——辅助生产成本

制造费用

销售费用

管理费用

其他业务成本

在建工程等

贷：材料成本差异

（3）月末结转发出材料应负担的节约差异时的会计分录如下：

借：材料成本差异

贷：生产成本——基本生产成本

——辅助生产成本

制造费用

销售费用

管理费用

其他业务成本

在建工程等

四、周转材料的核算

（一）周转材料的定义

周转材料，是指企业在经营活动中能够多次使用，并逐渐转移其价值但仍保持原有形态的不作为固定资产确认的包装物和低值易耗品等。

（二）周转材料的主要内容

1. 包装物

包装物，是指企业为了包装本企业产成品、商品等而储备的各种包装容器，如桶、箱、瓶、坛、袋等。包装物的核算内容主要包括以下项目。

（1）生产过程中用于包装产品作为产品组成部分的包装物。

（2）随同产品出售不单独计价的包装物。

（3）随同产品出售单独计价的包装物。

（4）出租或出借给购买单位使用的包装物。

2．低值易耗品

低值易耗品，是指企业持有的不能作为固定资产确认的各种用具物品等，如工具、管理用具、玻璃器皿、劳动保护用品，以及在经营过程中周转使用的容器等。因为低值易耗品价值比较低，并且易于损耗，为便于核算和管理，在会计上把低值易耗品纳入存货核算，视同存货进行日常管理。

（三）应设置的会计科目

为了核算周转材料的实际成本或计划成本，企业应当设置"周转材料"科目。该科目属于资产类科目，借方表示增加，贷方表示减少；期末余额在借方，表示企业在库周转材料的实际成本或计划成本以及在用周转材料的摊余价值。周转材料按照其种类，分别设置"在库""在用""摊销"明细科目进行明细核算。

（四）周转材料的主要业务处理

1．实际成本法

在实际成本法下，企业购入、自制、委托外单位加工完成验收入库的周转材料等，其核算方法参照"原材料"实际成本法核算的相关规定。

（1）一次摊销法的核算

一次摊销法指在领用低值易耗品、出租出借包装物时，将其实际成本一次计入有关成本、费用科目的一种方法。

领用时的会计分录：

借：生产成本

　　管理费用

　　销售费用等

　　贷：周转材料（按周转材料的账面价值入账）

（2）五五摊销法的核算

五五摊销法就是在周转材料领用时摊销其一半价值，报废时再摊销其另一半价值的方法。

①领用时的会计分录如下：

借：周转材料——在用

　　贷：周转材料——在库（按其账面价值入账）

②摊销其价值的一半时的会计分录如下：

借：生产成本

  管理费用

  销售费用等

   贷：周转材料——摊销（领用周转材料价值的一半）

③摊销其价值的另一半时的会计分录如下：

借：生产成本

  管理费用

  销售费用等

   贷：周转材料——摊销（领用周转材料价值的一半）

④转销全部已提摊销额时的会计分录如下：

借：周转材料——摊销

   贷：周转材料——在用

2．计划成本法

周转材料采用计划成本法进行日常核算的，在发出周转材料时，应当同时结转其应分摊的成本差异，将发出周转材料的计划成本转为实际成本。

在计划成本法下，企业购入、自制、委托外单位加工完成验收入库的周转材料等，其核算方法参照"原材料"计划成本法核算的相关规定。

采用计划成本法核算周转材料时的会计分录如下：

借：生产成本

  管理费用销

  售费用等

   贷：周转材料

    材料成本差异（发出周转材料承担的超支差异）

或

借：生产成本

  管理费用

  销售费用等

  材料成本差异（发出周转材料承担的节约差异）

   贷：周转材料

五、委托加工物资的核算

(一) 委托加工物资的定义

委托加工物资,是指企业委托外单位进行加工的各种材料、商品等物资。企业委托外单位加工物资的成本包括加工中实际耗用物资的成本、支付的加工费用及应负担的运杂费和支付的税金。其中,支付的税金包括委托加工物资所应负担的消费税(指属于消费税应税范围的加工物资)等。

(二) 委托加工物资的业务处理

为了核算委托加工物资增减变动及其结存情况,企业应设置"委托加工物资"科目。该科目属于资产类科目,借方登记委托加工物资的实际成本,贷方登记加工完成验收入库的物资的实际成本和剩余物资的实际成本;期末余额在借方,表示企业尚未完工的委托加工物资的实际成本和发出加工物资的运杂费等。

1. 实际成本法

采用实际成本法核算的,委托加工物资的发出、加工、收回均按实际成本核算。

(1) 把物资发给外单位加工时的会计分录:

借:委托加工物资

　　贷:原材料

　　　　周转材料

　　　　库存商品

(2) 支付加工费用、运杂费、增值税、消费税时的会计分录:

借:委托加工物资

　　应交税费——应交增值税(进项税额)(一般纳税人取得增值税专用发票)

　　贷:应付账款

　　　　银行存款等

(3) 收回后直接用于销售的,应将受托方代收代交的消费税计入委托加工物资成本。

收回后用于销售的会计分录:

借:委托加工物资

　　贷:应付账款

　　银行存款等

　　（4）收回后用于连续生产的，受托方代收代交的消费税不计入委托加工物资成本。

　　收回后用于连续生产的会计分录：

　　借：委托加工物资

　　　　应交税费——应交消费税

　　　　贷：应付账款

　　　　　　银行存款等

　　（5）加工完成验收入库的物资和剩余的物资，按其实际成本入账。

　　加工完成时的会计分录：

　　借：原材料

　　　　库存商品

　　　　周转材料

　　　　贷：委托加工物资

　　2．计划成本法

　　委托加工物资采用计划成本法核算的，发出委托加工物资时，应由计划成本转为实际成本，并结转相应的材料成本差异。

　　（1）把物资发给外单位加工，按实际成本入账时的会计分录：

　　借：委托加工物资

　　　　材料成本差异（发出物资应承担的节约差异）

　　　　贷：原材料

　　　　　　库存商品

　　（2）支付加工费用、承担运杂费、增值税时的会计分录：

　　借：委托加工物资

　　　　应交税费——应交增值税（进项税额）（一般纳税人取得增值税专用发票）

　　　　贷：应付账款

　　　　　　银行存款等

　　（3）收回后直接用于销售的，应将受托方代收代交的消费税计入委托加工物资成本。

　　支付由受托方代收代交的消费税时的会计分录：

　　借：委托加工物资

　　贷：应付账款

　　　　银行存款等

（4）收回后用于连续生产的，要托方代收代交的消费税不计入委托加工物资成本。

支付由受托方代收代交的消费税时的会计分录：

借：委托加工物资

　　应交税费——应交消费税

　　贷：应付账款

　　　　银行存款等

（5）加工完成验收入库的物资和剩余的物资，按加工收回物资的成本入账的会计分录：

借：原材料

　　库存商品

　　材料成本差异（验收入库物资应承担的超支差异）

　　贷：委托加工物资

　　　　材料成本差异（验收入库物资应承担的节约差异）

六、库存商品的核算

（一）库存商品的定义

库存商品，是指企业已完成全部生产过程并已验收入库、符合标准规格和技术条件，可以按照合同规定的条件送交订货单位，或可以作为商品对外销售的产品以及外购或委托加工完成验收入库用于销售的各种商品。库存商品具体包括库存产成品、外购商品、存放在门市准备出售的商品、发出展览的商品、寄存在外的商品、接受来料加工制造的代制品和为外单位加工修理的代修品等。

库存商品可以采用实际成本法核算，也可以采用计划成本法核算，其方法与原材料相似。采用计划成本法核算时，库存商品实际成本与计划成本的差异，可单独设置"产品成本差异"科目核算。

（二）库存商品的业务处理

为了核算库存商品的增减变动及其结存情况，企业应当设置"库存商品"科目。该科目属于资产类科目，借方表示验收入库的库存商品成本，贷方表示发出的库存商品成本；期末余额在借方，表示各种库存商品的实际成本或计划成本。

1. 实际成本法

企业生产的产成品一般应按实际成本法进行核算，产成品的入库和出库，平时只记数量不记金额；月末计算入库产成品的实际成本；对出库的产成品，可以采用先进先出法、月末一次加权平均法、移动加权平均法或者个别计价法等确定其实际成本。核算方法一经确定，不得随意变更。

（1）产品生产完工验收入库的核算

产品完工验收入库时的会计分录：

借：库存商品（按照实际成本入账）

　　贷：生产成本

（2）销售商品的核算

销售商品时，符合收入确认条件的，应当一方面确认收入，另一方面结转其销售成本。

结转商品成本时的会计分录：

借：主营业务成本

　　贷：库存商品

（3）外购商品的核算

企业外购商品采用售价核算的，商品售价和进价的差额，可通过"商品进销差价"科目核算。月末，应分摊已销商品的进销差价，将已销商品的销售成本调整为实际成本。

商品流通企业的库存商品还可以采用毛利率法和售价金额核算法进行日常核算。

①销售毛利率法

销售毛利率法，是指根据本期销售净额乘以上期实际或本期计划的销售毛利率匡算本期的销售毛利，并据以计算发出存货和期末存货成本的一种专门方法。

销售毛利率法的计算公式如下：

$$销售毛利率 = 销售毛利 \div 销售净额 \times 100\%$$

$$销售净额 = 商品销售收入 - 销售退回 - 销售折让$$

$$销售毛利 = 销售净额 \times 销售毛利率$$

$$销售成本 = 销售净额 - 销售毛利$$

$$期末存货成本 = 期初存货成本 + 本期购货成本 - 本期销售成本$$

这一方法是商品流通企业尤其是商业批发企业常用的计算本期商品销售成本

和期末库存商品成本的方法。

②售价金额法

售价金额法，是指平时商品的购入、加工收回、销售均按售价记账，售价与进价的差额通过"商品进销差价"科目核算，期末计算进销差价率和本期已销商品应分摊的进销差价，并据以调整本期销售成本的一种方法。售价金额法的计算公式如下：

商品进销差价率＝（期初库存商品进销差价＋本期购入商品进销差价）÷

（期初库存商品售价＋本期购入商品售价）×100％

本期销售商品应分摊的商品进销差价＝本期商品销售收入×商品进销差价率

本期销售商品的成本＝本期商品销售收入－本期销售商品应分摊的商品进销差价

期末结存商品成本＝期初库存商品进价成本＋本期购进商品进价成本－本期

销售商品成本

企业的商品进销差价率各期之间是比较均衡的，因此，也可以采用上期商品进销差价率计算分摊本期的商品进销差价。年度终了，应对商品进销差价进行核实调整。

2．计划成本法

库存商品种类比较多的企业，也可以按计划成本法进行日常核算，其实际成本与计划成本的差异，可以单独设置"产品成本差异"科目进行核算，或在"库存商品"科目下设置"成本差异"二级科目进行核算。

（1）产品生产完成验收入库时的会计分录：

借：库存商品

　　产品成本差异（超支差异）

　　贷：生产成本等

　　　　产品成本差异（节约差异）

（2）对外销售产品结转销售成本时的会计分录：

借：主营业务成本

　　贷：库存商品

　　　　产品成本差异（发出产品应承担的超支差异）

或

借：主营业务成本

　　产品成本差异（发出产品应承担的节约差异）

　　贷：库存商品

七、存货清查与期末计量

(一) 存货清查

1. 存货清查的定义

存货清查，是指通过对存货的实地盘点，确定存货的实有数量，并与账面结存数核对，从而确定存货实存数与账面结存数是否相符的一种专门方法。

存货种类繁多、收发频繁，在日常收发过程中可能发生计量错误、计算错误、自然损耗，还可能发生损坏变质以及贪污、盗窃等情况，造成账实不符，形成存货的盘盈或盘亏。对于存货的盘盈或盘亏，应填写存货盘点报告（如实存账存对比表），及时查明原因，按照规定程序报批处理。

2. 应当设置的会计科目

为了核算企业在财产清查中查明的各种存货的盘盈、盘亏和毁损情况，企业应当设置"待处理财产损益"科目。该科目属于资产类科目，借方表示存货的盘亏、毁损金额及盘盈的转销金额，贷方表示存货的盘盈金额及盘亏的转销金额；期末处理完毕后无余额。

3. 存货清查的业务处理

存货清查的业务处理主要包括审批前和审批后两个环节。

(1) 审批前

①盘盈存货时的会计分录：

借：原材料

　　库存商品等

　　贷：待处理财产损溢——待处理流动资产损溢

②盘亏、毁损存货时的会计分录：

借：待处理财产损溢——待处理流动资产损溢

　　贷：原材料

　　　　库存商品等

　　　　应交税费——应交增值税（进项税额转出）

注意：采用计划成本（或售价）核算的，还应当同时结转成本差异（或商品进销差价）。已计提存货跌价准备的，还应当同时结转存货跌价准备。

(2) 审批后

①盘盈的存货审批后冲减管理费用的会计分录：

借：待处理财产损溢——待处理流动资产损溢

贷：管理费用

②盘亏、毁损的存货审批后的会计分录：

借：库存现金

原材料

其他应收款

营业外支出

贷：待处理财产损溢——待处理流动资产损溢

(二) 存货的期末计量

资产负债表日，存货应当按照成本与可变现净值孰低计量。其中，成本是指期末存货的实际成本，可变现净值是指存货在日常活动中的估计售价减去至完工时估计将要发生的成本、估计的销售费用以及相关税费后的净额。

资产负债表日，存货成本高于其可变现净值，表明存货发生了减值，应当对该存货计提存货跌价准备，并计入当期损益。已计提存货跌价准备的存货，若导致存货价值减少的影响因素已经消失，应当在原已计提的存货跌价准备金额的范围内转回。

1. 应设置的会计科目

为了核算存货减值情况，企业应当设置"存货跌价准备"科目。该科目属于资产类的备抵科目，贷方登记应计提的存货跌价准备金额；借方登记实际发生的存货跌价损失金额和冲减的存货跌价准备金额；期末余额一般在贷方，表示企业已计提但尚未转销的存货跌价准备。

2. 存货减值的业务处理

(1) 计提存货跌价准备时的会计分录：

借：资产减值损失——计提的存货跌价准备

贷：存货跌价准备

(2) 冲销已计提的存货跌价准备时的会计分录：

借：存货跌价准备

贷：资产减值损失——计提的存货跌价准备

（3）结转发出存货计提的存货跌价准备时的会计分录：

借：存货跌价准备

　　贷：主营业务成本营业外支出等

注意：企业应当合理地计提存货跌价准备，但不得计提秘密准备。

思考题

1. 货币资金有哪些内容？

2. 结算的种类有些？

3. 存货的计价方法有哪些，它们的优点和缺点分别是什么？

4. 存货盘盈、盘亏应如何处理？

5. 存货期末如何计价？

第三章　非流动资产

导论：

固定资产是企业赖以生存的物质基础，是企业产生效益的源泉，关系到企业的运营与发展。企业科学管理和正确核算固定资产，有利于促进企业正确评估固定资产的整体情况，提高资产使用效率，降低生产成本，保护固定资产的安全完整，实现资产的保值增值，增强企业的综合竞争实力。随着无形资产资源的迅速发展，靠无形资产竞争并获取长期利润的格局日益凸显。本章主要讲述固定资产与无形资产。

学习目标：

1. 了解固定资产的概念、特征及分类。

2. 明确固定资产减值准备的计提方法，掌握固定资产增加、减少的业务处理方法。

3. 学会固定资产折旧的计算。

4. 了解无形资产的概念、特征。

5. 理解无形资产的初始计量、后续计量的原则。

6. 掌握无形资产取得、摊销、处置等的会计处理。

第一节　固定资产

一、固定资产概述

（一）固定资产的概念和特征

固定资产，是指同时具有下列特征的有形资产：①为生产商品、提供劳务、出租或经营管理而持有的；②使用寿命超过一个会计年度。

从这一定义可以看出，作为企业的固定资产应具备以下几个特征。

1. 固定资产是有形资产

固定资产具有实物特征，是固定资产最基本的特征，这一特征将固定资产与无形资产区分开来。有些无形资产可能同时符合固定资产的其他特征，如无形资产为生产商品、提供劳务而持有，使用寿命超过一个会计年度，但是，由于其没有实物形态，所以不属于固定资产。

2. 为生产商品、提供劳务、出租或经营管理而持有

企业持有固定资产，是为了生产商品、提供劳务、出租或经营管理的需要，而不像商品一样为了对外出售。这一特征是固定资产区别于商品等流动资产的重要标志。

3. 使用寿命超过一个会计年度

企业使用固定资产的期限较长，使用寿命一般超过一个会计年度。这一特征表明企业固定资产的收益期超过 1 年，能在 1 年以上的时间里为企业创造经济利益。这一特征将固定资产与低值易耗品的核算区分开来。

（二）固定资产的确认

固定资产作为企业很重要的一项资产，在满足了固定资产定义的同时，还应同时满足下列条件。

1. 与该固定资产有关的经济利益很可能流入企业

资产最重要的特征是预期会给企业带来经济利益。企业在确定固定资产时，需要判断与固定资产所有权相关的经济利益是否很有可能流入企业。如果与该项固定资产有关的经济利益很可能流入企业，并同时满足固定资产确认的其他条件，那么企业应将其确认为固定资产；否则不应将其确认为固定资产。

在实务中，判断固定资产包含的经济利益是否可能流入企业，主要是依据与该固定资产所有权相关的风险和报酬是否转移到了本企业。通常取得所有权是判断与固定资产所有权相关的风险和报酬转移到企业的一个重要标志。有时企业虽不能取得固定资产的所有权，但与该资产相关的风险和报酬实质上已经转移到企业，也认为符合第一个条件，如融资租入固定资产。

2. 该固定资产的成本能够可靠地计量

成本能够可靠地计量，是资产确认的一项基本条件。固定资产作为企业资产的重要组成部分，要予以确认，其为取得该固定资产而发生的支出也必须能够可靠地计量。例如，企业购买一项固定资产，价款为 10 万元，税额为 1.7 万元，运输安装费为 0.3 万元。此时，固定资产成本就能够可靠计量，总共 12 万元，这 12 万元都需要计入固定资产的成本。另外，企业在确定固定资产成本时必须取得确凿证据，但是，有时需要根据所获得的最新资料，对固定资产的成本进行合理估计。例如，建造某项固定资产，已达到预计可使用状态，但未办理竣工决算，需要根据工程预算、工程造价或者工程实际发生的成本资料，按估计价值确定其成本，可以认定为是资产，待办理了竣工决算手续后再按照实际成本调整原来的暂估价值。值得注意的是已提取的折旧不作调整。

在实务中，对于固定资产在进行确认时，还需要注意以下问题。

第一，固定资产各组成部分具有不同使用寿命或以不同方式为企业提供经济利益，适用不同折旧率或折旧方法的，应当分别将各组成部分确认为单项固定资产。

第二，与固定资产有关的后续支出，满足固定资产确认条件的，应当计入固定资产成本；不满足固定资产确认条件的，应当在发生时计入当期损益。

（三）固定资产的分类

企业的固定资产种类繁多、规格不一，为加强管理，便于组织会计核算，有必要对其进行科学、合理的分类。根据不同管理需要和核算要求以及不同的分类标准，可以对固定资产进行不同的分类，主要有以下几种分类方法。

1. 按经济用途分类

按固定资产的经济用途分类，可分为生产经营用固定资产和非生产经营用固定资产。

（1）生产经营用固定资产，是指直接服务于企业生产、经营过程的各种固定资产，如生产经营用的房屋、建筑物、机器、设备、器具、工具等。

（2）非生产经营用固定资产，是指不直接服务于生产、经营过程的各种固定资产，如职工宿舍等使用的房屋、设备和其他固定资产等。

2. 按使用情况分类

按固定资产使用情况分类，固定资产可分为使用中的固定资产、未使用的固定资产和不需用的固定资产、租出固定资产和融资租入固定资产。

（1）使用中的固定资产，是指正在使用中的经营性和非经营性的固定资产。由于季节性经营或大修理等原因，暂时停止使用的固定资产仍属于企业使用中的固定资产；企业采用经营租赁方式出租给其他单位使用的固定资产和内部替换使用的固定资产，也属于使用中的固定资产。

（2）未使用的固定资产，是指已完工或已购建的尚未交付使用的新增固定资产以及因进行改建、扩建等原因暂停使用的固定资产。如企业购建的尚待安装的固定资产、经营任务变更停止使用的固定资产等。

（3）不需用的固定资产，是指本企业多余或不适用，需要处理的各种固定资产。

（4）租出固定资产，是指在经营租赁方式下出租给其他单位或个人使用的固定资产。

（5）融资租入固定资产，是指企业以融资租赁方式租入的固定资产。融资租赁，是指实质上转移了与资产所有权有关的全部风险和报酬的租赁。其所有权最终可能转移，也可能不转移。

3．综合分类

按固定资产的经济用途和使用情况等综合情况分类，可把企业的固定资产划分为7大类：

（1）生产经营用固定资产；

（2）非生产经营用固定资产；

（3）租出固定资产（指在经营租赁方式下出租给外单位使用的固定资产）；

（4）不需用固定资产；

（5）未使用固定资产；

（6）土地（指过去已经估价单独入账的土地。因征地而支付的补偿费，应计入与土地有关的房屋、建筑物的价值内，不单独作为土地价值入账。企业取得的土地使用权，应作为无形资产管理，不作为固定资产管理）；

（7）融资租入固定资产（指企业以融资租赁方式租入的固定资产，在租赁期内，应视同自有固定资产进行管理）。

二、固定资产取得

固定资产的初始计量是对取得的固定资产运用恰当的会计计量属性对其价值进行记录。固定资产的取得方式主要包括外购、自行建造、接受投资、融资注入、债务重组等。

（一）外购固定资产

企业外购的固定资产，应按照实际取得的成本入账，其成本包括购买价款、相关税费（一般纳税人允许抵扣的增值税的进项税额除外）、使固定资产达到预定可使用状态前所发生的可归属于该项资产的运输费、装卸费、安装费和专业人员的服务费等。

1．购入不需要安装的固定资产

不需要安装的固定资产是指企业购入的固定资产不需要安装就可以直接使

用。企业应按购入固定资产时实际支付的购买价款、使固定资产达到预定可使用状态前所发生的可归属于该项资产的运输费、装卸费、专业人员的服务费和其他相关税费等。作为固定资产成本，借记"固定资产"科目，如取得了合法的增值税扣税凭证，允许其抵扣进项税额，还应借记"应交税费——应交增值税（进项税额）"，贷记"银行存款""应付账款"等科目。

如果企业以一笔款项购入多项没有单独标价的固定资产，应当按照各项固定资产的公允价值比例对总成本进行分配，分别确定各项固定资产的成本。

2. 购入需要安装的固定资产

需要安装的固定资产，是指购入的固定资产需要经过安装以后才能交付使用。企业购入这类固定时，按实际支付的价款（包括买价、税金、包装费、运输费等），借记"在建工程"科目，贷记"银行存款"等科目；发生的安装费用，借记"在建工程"科目，贷记"银行存款""原材料"等科目；安装完成交付验收使用时，按其实际成本（包括买价、税金、包装费、运输费和安装费等）作为固定资产的原价入账，借记"固定资产"科目，贷记"在建工程"科目。企业外购的固定资产购入成本和以后的安装费先通过"在建工程"账户归集，安装完工后再转入"固定资产"账户。

（二）自行建造固定资产

自行建造的固定资产，按建造该项资产达到预定可使用状态前所发生的全部支出，作为入账价值。在核算时应先通过"在建工程"科目，待达到预定可使用状态时再转入"固定资产"。

1. 自营工程

企业通过自营方式建造的以固定资产核算的动产，其入账价值应当按照该项资产达到预定可使用状态前所发生的必要支出确定。采用自营方式进行的固定资产工程，应在"在建工程"科目下按不同的工程项目设置明细科目。工程实际发生的各项支出记入其借方；工程完工，结转工程的实际成本从其贷方转入"固定资产"科目。

企业购入为工程准备的物资等，按购入物资的实际成本，借记"工程物资""应交税费——应交增值税（进项税额）"科目，贷记"银行存款"等科目。企业自营工程领用的工程物资等，按领用物资的实际成本，借记"在建工程——××工程"科目，贷记"工程物资"等科目。自营工程发生的其他费用（如支付职工工资等），按实际发生额，借记"在建工程——××工程"科目，贷记"银行存款"

等科目；自营工程完工并交付使用时，按实际发生的全部支出，借记"固定资产"科目，贷记"在建工程——××工程"科目。

所建造的固定资产已达到预定可使用状态，但尚未办理竣工决算的。应当自达到预定可使用状态之日起，根据工程预算、造价或者工程实际成本等，按估计价值转入固定资产，并按有关计提固定资产折旧的规定，计提固定资产折旧。待办理了竣工决算手续后再作调整。

2. 出包工程

企业采用出包方式进行的自制、自建固定资产工程，其工程的具体支出在承包单位核算。在这种方式下，"在建工程"科目实际成为企业与承包单位的结算科目，企业将与承包单位结算的工程价款作为工程成本，通过"在建工程"科目核算。企业在按规定预付承包单位工程价款时，借记"在建工程——××工程"科目，贷记"银行存款"等科目；工程完工收到承包单位账单，补付或补记工程价款时，借记"在建工程——××工程"科目，贷记"银行存款"等科目；工程完工并交付使用时，按实际发生的全部支出，借记"固定资产"科目，贷记"在建工程——××工程"科目。

（三）投资者投入的固定资产

投资者投入固定资产的成本，应按投资合同或协议约定的价值加上应支付的相关税费作为固定资产的入账价值，合同或协议约定的价值不公允的除外。接受投资者投入的固定资产，借记"固定资产"账户，贷记"实收资本"等。

为了保证会计记录的正确性，做到账账相符，会计部门应将固定资产卡片、固定资产登记簿和固定资产账户中的记录，定期进行核算。

三、固定资产折旧

固定资产在使用过程当中会逐渐损耗，损耗的这部分价值应与资产有效寿命期间所产生的收入相匹配。固定资产折旧，是对固定资产由于磨损和损耗而转移到产品中的那一部分价值的补偿。固定资产的磨损和损耗包括有形损耗、自然损耗和无形损耗。固定资产的有形损耗，是指在固定资产的使用过程当中由于机器运转磨损等原因发生的损失，一般是指机器磨损。固定资产的自然磨损，是指固定资产由于自然条件的影响发生的侵蚀性损失。固定资产的无形损耗，是指固定资产在使用过程中由于技术进步等非实物磨损、非自然磨损等原因发生的价值损失。

企业应当在固定资产的使用寿命内，按照确定的方法对应计折旧额进行系统分摊。

（一）固定资产折旧的概念

固定资产折旧是指在固定资产使用寿命内，按照确定的方法对应计折旧额进行系统分摊。

应计折旧额是指应当计提折旧的固定资产原值扣除其预计净残值后的金额，值得注意的是，已计提减值准备的固定资产，还应当扣除已计提的固定资产减值准备累计金额。预计净残值是指假定固定资产使用寿命已满时的预期状态。使用寿命是指企业使用固定资产的预计期间，企业应当根据固定资产的性质和使用情况，合理确定固定资产的使用寿命和预计净残值。固定资产的使用寿命、预计净残值一经确定，不得随意变更。

（二）影响固定资产折旧的主要因素

1．固定资产原价

计提折旧时，应以月初应计折旧的固定资产账面原值为依据。固定资产的原值是指固定资产的实际成本。

2．预计净残值

固定资产的净残值是指预计的固定资产报废时可以收回的残余价值扣除预计清理费用后的数额。

3．固定资产减值准备

固定资产减值准备是指固定资产已计提的固定资产减值准备累计金额。

4．固定资产的使用寿命

固定资产的使用寿命是指企业使用固定资产的预计期间，或固定资产所能生产产品或提供劳务的数量。企业确定固定资产使用寿命时，应当考虑下列因素：

（1）该项资产预计生产能力或实物产量。

（2）该项资产预计有形损耗，指在固定资产的使用过程中，由于正常使用和自然力的作用而引起的使用价值和价值的损失，如设备使用中发生磨损、房屋建筑物受到自然侵蚀等。

（3）该项资产预计无形损耗，指由于科学技术的进步和劳动率的提高而带来的固定资产价值上的损失，如因新技术的出现而使现有的资产技术水平相对陈旧、市场需求变化使产品过时等。

（4）法律或者类似规定对该项固定资产使用的限制。某些固定资产的使用寿命可能受法律或类似规定的约束。如融资租入的固定资产，根据《企业会计准则第 21 号——租赁》规定：融资租入的固定资产应当采用与自有应计折旧资产相一致的折旧政策。也就是说，能够合理确定租赁期届满时取得租赁资产所有权的，应当在租赁资产使用寿命内计提折旧。无法合理确定租赁期届满时能够取得租赁资产所有权的，应当在租赁期与租赁资产使用寿命两者中较短的期间内计提折旧。

（三）固定资产折旧的范围

确定固定资产的折旧范围，一是应从空间范围上确定哪些固定资产应当计提折旧，哪些固定资产不应当计提折旧；二是应从时间范围上确定计提折旧的固定资产什么时间开始提取折旧，什么时间停止提取折旧。

除以下情况外，企业应对所有固定资产计提折旧：

（1）已提足折旧继续使用的固定资产。

（2）单独估价作为固定资产入账的土地。

在确定计提固定资产折旧时，还应注意以下问题：

第一，固定资产按月计提折旧，并根据用途计入相关资产的成本或者当期损益。固定资产应该自达到预定可使用状态时开始计提折旧，终止确认时或划分为持有待售非流动资产时停止计提折旧。为了简化核算，当月增加的固定资产当月不计提折旧，从下月起计提折旧；当月减少的固定资产当月照提折旧，从下月起不提折旧。

第二，固定资产提足折旧后，不论能否继续使用，均不再计提折旧；提前报废的固定资产，不再补提折旧。所谓提足折旧是指已经提足该项固定资产的应计折旧额。

第三，已达到预定可使用状态但尚未办理竣工决算的固定资产，应当按照估计价值确定其成本，并计提折旧；待办理竣工决算后，再按实际成本调整原来的暂估价，但不需调整原已计提的折旧额。

第四，处于更新改造过程停止使用的固定资产，应将其账面价值转入在建工程，不再计提折旧。更新改造项目达到预定可使用状态转为固定资产后，再按重新确定的折旧方法和该项固定资产尚可使用寿命计提折旧。

第五，进行大修理而停用的固定资产，应当照提折旧，计提的折旧额应计入相关资产成本或当期损益。

第六，企业至少应当于每年年度终了，对固定资产的使用寿命、预计净残值和折旧方法进行复核。如有改变作为会计估计变更。

（四）固定资产折旧的计算

企业应当根据与固定资产有关的经济利益的预期实现方式，合理选择固定资产的折旧方法。折旧方法可以采用平均年限法、工作量法、双倍余额递减法和年数总和法等。企业选用不同的折旧方法，将影响固定资产使用寿命期间内不同时期的折旧费用，因此，折旧方法一经选定，不得随意变更。如需变更应当符合《企业会计准则第4号——固定资产》第十九条的规定。

1. 年限平均法

平均年限法又称直线法，是将固定资产的应计折旧额均衡地分摊到固定资产使用寿命的一种方法。采用这种方法计算的每期折旧额均相等。计算公式如下：

$$月折旧率＝年折旧率÷12$$

$$月折旧额＝固定资产原价×月折旧率$$

采用平均年限法计算固定资产折旧虽然比较简便，但它也存在着一些明显的局限性。固定资产在不同使用年限提供的经济效益是不同的。一般来讲，固定资产在其使用前期工作效率相对较高，所带来的经济利益也就较多；而在其使用后期，工作效率呈下降趋势，因而，所带来的经济效益也就逐渐减少。年限平均法不予考虑这种因素，明显是不合理的。另外，固定资产在不同的使用年限发生的维修费用也不一样。固定资产的维修费用将随着其使用时间的延长而不断增加，而年限平均法也没有考虑这一因素。

当固定资产各期成本的负荷程度相同时，各期应分摊相同的折旧费，这时采用年限平均法计算折旧是合理的。但是，如果固定资产各期成本负荷程度不同，采用年限平均法计算折旧时则不能反映固定资产的实际使用情况，计提的折旧额与固定资产的损耗程度也不相符。

2. 工作量法

（1）定义

工作量法是按实际工作量计提固定资产折旧额的方法。一般是按固定资产所能工作的时数平均计算折旧额。工作量法适用于那些在使用期间负担程度差异很大、提供的经济效益很不均衡的固定资产。

（2）公式

$$某项固定资产月折旧额＝该项固定资产月工作量×每一工作量折旧额$$

工作量法是按照实际使用过程磨损程度计算的，能正确反映运输工具、精密设备等使用程度，而且把折旧费用与固定资产的实际使用程度联系起来。但是在实务中企业对固定资产的工作总量是难以可靠估计的，而且这种方法也没有考虑到固定资产的无形损耗和自然损耗等问题，当固定资产的磨损程度和完成的工作量不成正比例关系时，工作量法则不再适用。

3. 加速折旧法

加速折旧法是一种在固定资产使用前期提取折旧较多，固定资产成本在使用年限内尽早得到价值补偿的折旧方法。从固定资产的使用情况看，固定资产在其使用早期修理的次数很少，实际使用时间长，操作效率高，产品质量好，可为单位提供较多的效益。而在固定资产使用后期，随着修理次数的增加，操作效率和产品质量都会逐渐降低，不断上升的成本降低了单位的收益能力。因此，为了使折旧的提取多少与固定资产的运营规律相配比，便在固定资产使用初期摊销较多的折旧，在其使用后期摊销较少的折旧，这就是我们通常所说的加速折旧的主旨。另外，为了降低由于科学技术飞速发展而产生的无形损耗的风险，提高资金运营效果，客观上也要求单位采用加速折旧法。

我国允许使用的加速折旧法主要有两种：即双倍余额递减法和年数总和法。

(1) 双倍余额递减法

双倍余额递减法是一种加速折旧法，它是在不考虑残值的情况下，根据每期期初固定资产账面净值和双倍的平均折旧率计算固定资产折旧的一种方法。采用双倍余额递减法计提固定资产折旧，一般应该在固定资产使用寿命期最后 2 年才考虑净残值，则双倍余额递减法的年折旧率是在忽略不计净残值的条件下，按直线折旧率的 2 倍计算的，最后 2 年固定资产的折旧是按固定资产年初账面净值扣除预计净残值后的净值平均摊销。计算公式如下：

$$月折旧率 = 年折旧率 \div 12$$

$$月折旧额 = 固定资产账面净值 \times 月折旧率$$

(2) 年数总和法

年数总和法是将固定资产的原值减去净残值后的净额乘以一个以固定资产尚可使用年限为分子、以预计使用寿命逐年数字之和为分母的逐年递减的分数计算每年的折旧额。计算公式如下：

$$月折旧率 = 年折旧率 \div 12$$

$$月折旧额 = （固定资产原值 - 预计净残值） \times 月折旧率$$

采用加速折旧法，可使固定资产成本在使用期限中加快得到补偿，降低固定资产无形损耗造成的不利影响。但这并不是指固定资产提前报废或多提折旧，因为不论采用何种方法提折旧，从固定资产全部使用期间来看，折旧总额不变。采用加速折旧法，对企业更为有利，因为加速折旧法可使固定资产成本在使用期限内加快得到补偿，企业前期利润少，纳税少；后期利润多，纳税较多，从而起到延期纳税的作用。但是，在具体选择折旧计算方法时应首先遵守税法和财务制度的有关规定。

（五）固定资产使用寿命、预计净残值和折旧方法的复核

由于固定资产的使用寿命超于 1 年，属于企业的非流动资产，企业至少应当于每年年度终了，对固定资产的使用寿命、预计净残值和折旧方法进行复核。

在固定资产的使用过程中，其所处的经济环境、技术环境以及其他环境有可能与最初确定固定资产使用寿命、预计净残值和折旧方法产生很大的影响。例如：固定资产使用强度比正常情况大大增加，致使固定资产实际使用寿命大幅缩短；替代该项固定资产的新产品的出现致使其实际使用寿命缩短，预计净残值减少等。此时，如果不对固定资产使用寿命、预计净残值进行调整或者改变折旧方法，必然不能反映出其为企业提供经济利益的期间、金额或者实现方式，影响会计信息质量的真实性，进而影响会计信息使用者对经济决策的正确性。为了避免这种情况，企业至少应当于每年年度终了时对固定资产使用寿命、预计净残值和折旧方法进行复核。

如果固定资产使用寿命、预计净残值和折旧方法与原先估计数有重大差异，或者经济利益预期实现方式有重大改变，则应当调整固定资产使用寿命、预计净残值、改变折旧方法，并按照会计估计变更的有关规定进行处理。

四、固定资产后续支出

固定资产的后续支出是指固定资产在使用过程中发生的更新改造支出、改良支出、修理费用等。

与固定资产有关的更新改造等后续支出，符合固定资产确认条件的，应当计入固定资产成本，如有被替换的部分，应扣除其账面价值；不满足固定资产确认条件的固定资产修理费等，应当在发生时计入当期损益。

（一）资本化的后续支出

当固定资产发生可以资本化的后续支出时，企业一般应将该固定资产的原值、已计提的累计折旧和减值准备转销，将固定资产的账面价值转入在建工程，并停止计提折旧。固定资产发生的可以资本化的后续支出，通过"在建工程"科

目核算。在固定资产发生的后续支出完工并达到预定可使用状态时，应在后续支出资本化的固定资产账面价值不超过其可收回金额的范围之内，从在建工程转入固定资产，同时将被替换部分的账面价值扣除，并重新确定固定资产的使用寿命、预计净残值和折旧方法。

（二）费用化的后续支出

一般情况下，固定资产投入使用后，由于固定资产磨损、各组成部分耐用程度不同，可能导致固定资产的局部损坏。未来为了维护固定资产的正常运行和使用，充分发挥其使用效能，企业将对固定资产进行必要的维护。发生固定资产的日常维护支出只是确保固定资产的正常工作状况，没有满足固定资产的确认条件。因此，应当在发生时一次直接计入当期损益，根据不同情况分别在发生时计入当期管理费用或销售费用等。

（三）处理资本化支出

固定资产发生的可以资本化的后续支出，应当通过"在建工程"科目核算。固定资产发生可资本化的后续支出时，企业应将该固定资产的原价、已计提的累积折旧和减值准备转销，将固定资产的账面价值转入在建工程，借记"在建工程""累积折旧""资产减值准备"等科目，贷记"固定资产"科目；期间如有再发生可资本化的后续支出，借记"在建工程"科目，贷记"银行存款"等科目。在固定资产发生后续支出完工并达到预定可使用状态时，借记"固定资产"科目，贷记"在建工程"。

（四）处理费用化后续支出

企业生产车间（部门）和行政管理部门等发生的固定资产修理费用等后续支出，借记"管理费用"科目，贷记"银行存款"等科目；企业发生的与专设销售机构相关的固定资产修理费用等后续支出，借记"销售费用"，贷记"银行存款"等科目。

五、固定资产处置

企业在生产经营过程中，对那些不适用或不需用的固定资产，可以通过对外出售的方式进行处置；对那些由于使用而不断磨损直到报废，或由于技术进步等原因对固定资产进行提前报废，或由于遭受自然灾害等非正常损失发生毁损的固定资产应及时清理。固定资产处置核算内容如图3—1所示。

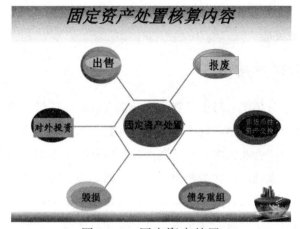

图 3—1 固定资产处置

固定资产的处置包括固定资产的出售、报废、毁损、对外投资、非货币性资产交换、债务重组等。

固定资产满足下列条件之一的，应当予以终止确认：①该固定资产处于处置状态；②该固定资产预期通过使用或处置不能产生经济利益。

固定资产的处置具体包括以下几个环节。

（一）固定资产转入清理

企业因出售、报废、毁损、对外投资、非货币性资产交换、债务重组等转出的固定资产，按该项固定资产的账面价值；借记"固定资产清理"科目，按已计提的折旧，借记"累计折旧"科目，按已计提的减值准备；借记"固定资产减值准备"科目，按其账面价值，贷记"固定资产"。

（二）发生的清理费用

固定资产清理过程中发生的相关税费及其其他费用，借记"固定资产清理"科目，贷记"银行存款""应交税费——应交增值税"等科目。

（三）收回残料或出售价款或保险赔偿

收回残料或出售价款、计算或受到应收保险公司或过失人赔偿的损失等，借记"银行存款""原材料""其他应收款"等科目，贷记"固定资产清理"科目。

（四）清理净损益

固定资产清理完成以后，属于生产经营期间正常的处理损失，借记"营业外支出——处置非流动资产损失"科目，贷记"固定资产清理"科目；属于自然灾害等非常原因造成的损失，借记"营业外支出——非常损失"科目，贷记"固定资产清理"科目。如果"固定资产清理账户"为贷方余额，借记"固定资产清理"，贷记"营业外收入"。

六、固定资产清查

定期或至少于每年年末对固定资产进行清查盘点，以保证固定资产核算的真实性，充分挖掘企业现有固定资产的潜力。并且，为了确保固定资产的安全与完整，做到账实相符，企业也应对固定资产进行定期和不定期的清查，确定各项固定资产的实际数量和状况，并与账面记录相核对，查明账实是否一致。在固定资产清查过程中，如果发现有盘盈、盘亏的，应填制固定资产盘盈盘亏报告表。清查固定资产的损溢，应及时查明原因，并按规定程序报批处理。

（一）固定资产盘盈

资产清查过程中发现的盘盈固定资产，经查明原因属于企业所有，应确定固定资产的重置价值，并为其开立固定资产卡片。企业盘盈的固定资产，一般属于以前年度的差错。应按重置成本，借记"固定资产"科目，按估计折旧，贷记"累计折旧"科目，贷记"以前年度损益调整"科目。重置成本应按以下规定确定：如果同类或类似固定资产存在活跃市场，按同类或类似固定资产的市场价格，减去按该项资产的新旧程度估计的价值损耗后的余额确定；如果同类或类似固定资产不存在活跃市场的，按该项固定资产的预计未来现金流量的现值确定。

"以前年度损益调整"科目，属于损益类。核算企业本年度发生的调整以前年度损益的事项，贷方表示企业调整增加的以前年度利润或调整减少的以前年度亏损，借方是调整减少的以前年度利润或调整增加的以前年度亏损。期末将本科目的余额直接转入留存收益，及"盈余公积"和"利润分配——未分配利润"科目。结转后本科目无余额。

（二）固定资产盘亏

企业在财产清查中盘亏的固定资产，应根据账面价值，借记"待处理财产损溢"；按已计提的累计折旧，借记"累计折旧"科目；按已计提的减值准备，借记"固定资产减值准备"科目；按固定资产的原值，贷记"固定资产"科目。按管理权限报经批准后处理时，按可收回的保险赔偿或过失人赔偿，借记"其他应收款"科目，按应计入营业外支出的金额，借记"营业外支出——盘亏损失"科目，贷记"待处理财产损溢"科目。

如果年末固定资产的盘亏还未经有关部门批准，企业应先按上述规定进行调整；日后有关部门批准的金额与调整的金额不一致，应按照会计差错进行更正。

七、固定资产减值

固定资产在使用过程中，由于存在有形和无形的损耗以及其他原因，可能会发生价值减值的情况。企业若不对已经发生的资产减值予以确认，必将导致虚夸资产价值，这不符合真实性和谨慎性的要求。因此，企业应当在期末或者至少在每年年度终了时，对固定资产进行检查，以确定是否发生减值。

（一）固定资产减值迹象

企业应在资产负债表日判断固定资产是否存在可能发生减值的迹象。根据《企业会计准则第8号——资产减值》的规定，以下情况属于固定资产可能发生减值的迹象：

（1）固定资产的市价出现大幅度下降，其跌价幅度大于因时间的推移或者正常使用而预计的下跌，并且预计在近期内不可能恢复。

（2）企业经营所处的经济、技术或者法律等环境以及固定资产所处的市场在当期或者将在近期发生重大变化，从而对企业产生不利影响。

（3）市场利率或者其他市场投资报酬率在当期已经提高，从而影响企业计算固定资产预计企业未来现金流量现值的折现率，导致固定资产可收回金额大幅度降低。

（4）有证据表明固定资产已经陈旧过时或者实体已经损坏。

（5）固定资产已经或者将被闲置、终止使用或者计划提前处置。

（6）企业内部报告的证据表明资产的经济绩效已经低于或者将低于预期。例如固定资产所创造的净现金流量或者实现的营业利润远远低于原来的预算或者预计金额等。

（7）其他表明固定资产已经发生减值的情况。

（二）固定资产减值

固定资产减值是指固定资产的可回收金额低于账面价值。当固定资产在资产负债表日的可收回金额低于其账面价值时，表明该固定资产发生减值，企业应将该固定资产的账面价值减记至可收回金额，同时确认为资产减值损失，计提固定资产减值准备。

资产可收回金额的估计，应当根据其公允价值减去处置费用后的净额与该资产预计未来现金流量的现值两者之间较高者确定。资产的账面价值是指资产成本扣减累计折旧（或累计摊销）和累计减值准备后的金额。

固定资产减值损失一经确认，在以后会计期间不得转回。但是，遇到资产处置、出售、对外投资、以非货币性资产交换方式换出、在债务重组中抵偿债务等情况，同时符合资产终止确认条件的，企业应当将相关资产减值准备予以转销。

第二节　无形资产

一、无形资产概述

（一）无形资产的概念及基本特征

1. 无形资产的概念

无形资产，是指企业拥有或者控制的、没有实物形态的可辨认非货币性资产。例如，专利权、非专利技术、商标权、著作权、特许权等。无形资产评估之未来收益预测表入表 3—1 所示。

表 3—1　无形资产评估之未来收益预测表

单位名称：　　　　　　　　　　单位：　　　人民币万元

序号	项目/年份	年一月	年	年	年	年	年	年
1	一、主营业务收入							
2	减：主营业务成本							
3	主营业务税金及附加							
4	二、主营业务利润							
5	加：其它业务利润							
6	减：营业费用							
7	管理费用							
8	财务费用							
9	三、营业利润							
10	加：投资收益							
11	补贴收入							
12	营业外收入							
13	减：营业外支出							
14	四、利润总额							
15	减：所得税（%）							
16	五、净利润							
	本年固定资产投资							
	本年流动资金追加							

2．无形资产的特征

（1）无形资产不具有实物形态

无形资产是不具有实物形态的非货币性资产，它不像固定资产、存货等有形资产能看得见、摸得着；通常表现为某种权利、某项技术或是某种获取利润的综合能力，如土地使用权、非专利技术等。无形资产为企业带来经济利益的方式与有形资产如固定资产不同，固定资产是通过实物的磨损和价值的转移来为企业带来未来经济利益，而无形资产很大程度上是通过自身所具有的技术等优势为企业带来未来经济利益。所以说不具有实物形态是无形资产区别于其他资产的特征之一。

（2）无形资产具有可辨认性

无形资产的可辨认性是指无形资产可以单独取得或转让。如企业持有的专利权、非专利技术、商标权、土地使用权和特许权等。资产在符合下列条件时，满足无形资产定义中的可辨认性标准：

①能够从企业中分离或者划分出来，并能单独用于出售或转让等，某些情况下无形资产可能需要与相关合同一起用于出售、转移等，这种情况下视为可辨认的无形资产。

②产生于合同性权利或其他法定权利，无论这些权利是否可以从企业或其他权利和义务中转移或者分离。例如，一方通过与另一方签订特许权合同而获得的特许使用权，通过法律程序申请获得的商标权、专利权等。

（3）无形资产属于非货币性资产

非货币性资产，是指企业持有的货币资金和将以固定或可确定的金额收取的资产以外的其他资产。无形资产由于没有发达的交易市场，一般不容易转化成现金，在持有过程中为企业带来的经济利益也不确定，不属于以固定或可确定的金额收取的资产，属于非货币性资产。

（二）无形资产的内容

无形资产通常包括专利权、非专利技术、商标权、著作权、特许权和土地使用权等。

1．专利权

专利权，是国家专利主管机关依法授予发明创造专利申请人，对其发明创造在法定期限内享有的专有权利，包括发明专利权、实用新型专利权和外观设计专利权。也就是说，专利权是允许其持有者独家使用或控制的特权，它具有公开性和期限性等特征，并受法律保护。专利权不一定能给持有者带来经济效益。

2．非专利技术

非专利技术，有时也称专有技术。它是指不为外界所知、在生产经营活动中已采用了的、不受法律保护的、可以为企业带来经济利益的各种技术和诀窍。非专利技术一般包括工业专有技术、商业贸易专有技术、管理专有技术等。

值得注意的是，非专利技术不受法律保护，企业靠自己的保密手段来保护，使用寿命不受限制，仅有经济上的有限寿命。

3．商标权

商标是用来辨认特定商品或劳务的标记。商标权指专门在某类指定的商品上或产品上使用特定的名称或图案的权利。经商标局核准注册的商标为注册商标，包括商品商标、服务商标、集体商标、证明商标等。一般注册商标有效期限为10年，自核准注册之日起计算。

4．著作权

著作权又称版权，指作者对其创作的文学、科学和艺术作品依法享有的某些特殊权利。著作权包括两个方面的权利，即精神权利（人身权利）和经济权利（财产权利）。精神权利是指作品的署名、发表作品、确认作者身份、保护作品的完整性、修改已经发表的作品等各项权利，它主要包括发表权、署名权、修改权和保护作品完整权。经济权利是指以出版、表演、广播、展览、录制唱片、摄制影片等方式使用作品以及授予他人使用作品而获得经济利益的权利。

5．特许权

特许权，又称经营特许权、专营权，是企业在某一地区经营或销售某种特定商品的权利，或是一家企业授予另一家企业使用其商标、商号、技术秘密等的权利。通常有两种形式：一种形式是由政府机构授权，准许企业在某一定地区享有经营某种业务的特权，例如，水、电、邮电通信等专营权，烟草专卖权等。另一种形式是指企业间依照签订的合同，有限期或无限期使用另一家企业的某些权利，例如，连锁店分店使用总店的名称等。

6．土地使用权

土地使用权，指国家准许企业在一定期间内对国有土地享有开发、利用和经营的权利。根据我国《中华人民共和国土地管理法》的规定，我国土地实行公有制，任何单位和个人不得侵占、买卖或者以其他形式非法转让。企业取得土地使用权的方式大致有以下几种：行政划拨取得、外购取得及投资者投资取得。

（三）无形资产的确认条件

无形资产应当在符合定义的前提下，同时满足以下两个确认条件时，才能予以确认。

1. 与该无形资产有关的经济利益很可能流入企业

作为无形资产确认的项目，必须满足其所产生的经济利益很可能流入企业这一条件。通常情况下，无形资产产生的未来经济利益可能包括在销售商品、提供劳务的收入当中，或者企业使用该项无形资产而减少或节约了成本，或者体现在获得的其他利益当中。例如，生产加工企业在生产工序中使用了某种知识产权，使其降低了未来生产成本。

会计实务中，要确定无形资产所创造的经济利益是否很可能流入企业，需要实施职业判断。在实施这种判断时，需要对无形资产在预计使用寿命内可能存在的各种经济因素作出合理估计，并且应当有确凿的证据支持。例如，企业是否有足够的人力资源、高素质的管理队伍、相关的硬件设备、相关的原材料等来配合无形资产为企业创造经济利益。同时，更为重要的是关注一些外界因素的影响，例如是否存在与该无形资产相关的新技术、新产品冲击，或据其生产的产品是否存在市场等。在实施判断时，企业管理层应对在无形资产的预计使用寿命内存在的各种因素作出最稳健的估计。

2. 该无形资产的成本能够可靠计量

成本能够可靠地计量是确认资产的一项基本条件，对于无形资产而言，这个条件显得更为重要。例如，企业内部产生的品牌、报刊名、刊头、客户名单和实质上类似项目的支出，由于不能与整个业务开发成本区分开来，成本无法可靠计量，因此，不应确认为无形资产。

（四）无形资产使用寿命的确定

无形资产的后续计量以其使用寿命为基础。企业应当于取得无形资产时分析判断其使用寿命。无形资产的使用寿命有限的，应当估计该使用寿命的年限或者构成使用寿命的产量等类似计量单位数量；无法预见无形资产为企业带来经济利益期限的，应当视为使用寿命不确定的无形资产。

无形资产的使用寿命包括法定寿命和经济寿命两个方面：无形资产的使用寿命受法律、规章或合同的限制，称为法定寿命；经济寿命则是指无形资产可以为企业带来经济利益的年限。

在估计无形资产的使用寿命时，应当综合考虑各方面相关因素的影响，其中通常应当考虑的因素有：

（1）运用该资产生产的产品通常的寿命周期、可获得的类似资产使用寿命的信息；

（2）技术、工艺等方面的现实情况及对未来发展的估计；

（3）以该资产生产的产品或提供的服务的市场需求情况；

（4）现在或潜在的竞争者预期将采取的行动；

（5）为维持该资产产生未来经济利益的能力预期的维护支出，以及企业预计支付有关支出的能力；

（6）对该资产的控制期限，以及对该资产使用的法律或类似限制，如特许使用期间、租赁期等。

（7）与企业持有的其他资产使用寿命的关联性等。

二、无形资产减值

无形资产通常是按实际成本计量，即以取得无形资产并使之达到预定用途而发生的全部支出作为无形资产的成本。无形资产的取得方式多样，有外购、自行研究开发、接受投资、债务重组、非货币性资产交换等。即对于不同来源取得的无形资产，其成本构成不尽相同。

（一）外购无形资产

外购的无形资产，成本包括购买价款、相关税费以及直接归属于使该无形资产达到预定用途所发生的其他支出。其中，直接归属于使该无形资产达到预定用途所发生的其他支出包括：使无形资产达到预定用途所发生的专业服务费用、测试无形资产是否能够正常发挥作用的费用等。但下列两项不包括在无形资产的成本中：

（1）引入新产品进行宣传发生的广告费、管理费用及其他间接费用；

（2）无形资产已经达到预定用途以后发生的费用。

外购的无形资产，应按其取得成本进行初始计量；如果购入的无形资产超过正常信用条件延期支付价款（如付款期限在3年以上），实质上具有融资性质的。应按取得无形资产购买价款的现值计量其成本，现值与应付价款之间的差额作为未确认的融资费用，在付款期间内按实际利率法确认为利息费用。

（二）自行研究开发的无形资产

内部开发活动发生的无形资产的成本，由可直接归属于该资产的创造、生产并使该资产能够以管理层预定的方式运作的所有必要支出组成。可直接归属成本包括：开发该无形资产时耗费的材料、劳务成本、注册费、在开发该无形资产过程中使用的其他专利权和特许权的摊销、按照借款费用的处理原则可以资本化的利息费用等。在开发无形资产过程中发生的，除上述可直接归属于无形资产开发活动之外的其他销售费用、管理费用等间接费用，无形资产达到预定用途前发生的可辨认的无效和初始运作损失，为运行该无形资产发生的培训支出等不构成无形资产的开发成本。

值得强调的是，内部开发无形资产的成本仅包括在满足资本化条件的时点至无形资产达到预定用途前发生的支出总和，对于同一项无形资产在开发过程中达到资本化条件之前已经费用化计入当期损益的支出不再进行调整。

所以，企业自行开发无形资产的项目支出，应当区分研究阶段支出与开发阶段支出。企业内部研发支出处理的原则是：研发阶段的支出全部费用化，计入当期损益（管理费用）；开发阶段的支出符合资本化条件的才能资本化，不符合资本化条件的计入当期损益（管理费用）；无法可靠区分研究阶段支出和开发阶段支出的，所发生的支出全部费用化，计入当期损益（管理费用）。

自行开发的无形资产成本，其成本包括自满足无形资产确认条件后至达到预定用途前所发生的支出总额，但是对于以前期间已经费用化的支出不再进行调整。

1. 研究阶段和开发阶段的划分

对于企业自行进行的研究开发项目，应当区分研究阶段与开发阶段两个部分分别进行核算。

（1）研究阶段

研究阶段，是指为获取新的技术和知识等进行的有计划的调查阶段。研究阶段的活动包括：意于获取研究成果或其他知识而进行的应用研究、评价和最终选择；材料、设备、产品、工序、系统或服务替代品的研究，以及新的或经改进的材料、设备、产品、工序、系统或服务的可能替代品的配制、设计、评价和最终选择等。

研究阶段是具有探索和计划性的，是为了进一步的开发活动进行资料及相关方面的准备，已进行的研究活动将来是否会转入开发、开发后是否会形成无形资产等均具有较大的不确定性。在这一阶段不会形成阶段性成果。因此，在研究阶段的支出，在发生时应当费用化计入当期损益。

（2）开发阶段

开发阶段，是指在进行商业性生产或使用前，将研究成果或其他知识应用于某项计划或设计，以生产出新的或具有实质性改变的材料、装置、产品的阶段。开发阶段的活动包括：生产或使用前的原型和模型的设计、建造和测试；含新技术的工具、夹具、模具的设计；不具有商业性的试生产设施的设计、建造和运营；新的或经改造的材料、设备、产品、工序、系统或服务所选定的替代品的设计、建造和测试等。

相对于研究阶段而言，开发阶段应当是已经完成研究阶段的工作，在很大程度上具备了形成一项新产品或新技术的基本条件。此时，如果企业能够证明开发支出符合无形资产的定义及相关确认条件，则可将其确认为无形资产。

2．开发阶段资本化的条件

在研究阶段，可将有关支出资本化，计入无形资产的成本，但必须同时满足以下条件：

（1）完成该无形资产以使其能够使用或出售，在技术上具有可行性。也就是说，企业能证明所进行的开发所必需的技术条件等已经具备，不存在技术上的障碍或其他不确定性。

（2）具有完成该无形资产并使用或出售的意图。也就是说，企业管理当局应能够说明其持有拟开发无形资产的目的，并具有完成该项无形资产开发并使其能够使用或出售的可能性。

（3）无形资产产生经济利益的方式，包括能够证明运用该无形资产生产的产品存在市场或无形资产自身存在市场，无形资产将在内部使用的，应当证明其有用性。

（4）有足够的技术、财务资源和其他资源支持，以完成该无形资产的开发，并有能力使用或出售该无形资产。

（5）归属于该无形资产开发阶段的支出能够可靠计量。

另外，对于无法区分研究阶段和开发阶段的支出，应当在发生时作为管理费用，全部计入当期损益。

（三）投资者投入的无形资产

投资者投入的无形资产成本，应当按照投资合同或协议约定的价值确定无形资产的取得成本。如果投资合同或协议约定价值不公允的，应按无形资产的公允价值作为无形资产的初始成本入账。

三、无形资产摊销

无形资产在取得以后，使用该无形资产期间内，应以成本减去累计摊销和累计减值准备后的余额计量。要确定无形资产在使用过程中的累计摊销额，基础是估计其使用寿命，而使用寿命有限的无形资产才需要在估计使用寿命内采用系统合理的方法进行摊销，对于使用寿命不确定的无形资产则不需要摊销。

（一）无形资产使用寿命的估计

企业应当于取得无形资产时分析判断其使用寿命。无形资产的使用寿命如为有限的，应当估计该使用寿命的年限或者构成使用寿命的产量等类似计量单位的数量；无法预见无形资产为企业带来未来经济利益期限的，应当视为使用寿命不确定的无形资产。

（二）无形资产使用寿命的确定

（1）源自合同性权利或其他法定权利取得的无形资产，其使用寿命通常不应超过合同性权利或其他法定权利的期限。例如，企业以支付土地出让金方式取得一块土地50年的使用权，如果企业准备持续持有，在50年期间内没有计划出售，该项土地使用权预期为企业带来未来经济利益的期间为50年。但如果企业使用资产的预期期限短于合同性权利或其他法定权利规定的期限的，则应当按照企业预期使用的期限来确定使用寿命。例如，企业取得的某项实用新型专利权，法律规定的保护期限为10年，企业预计运用该项实用新型专利权所生产的产品在未来6年内会为企业带来经济利益，则该项专利权的预计使用寿命为6年。

如果合同性权利或其他法定权利能够在到期时因续约等延续，则仅当有证据表明企业续约不需要付出重大成本时，续约期才能够包括在使用寿命的估计中。下列情况，一般说明企业无须付出重大成本即可延续合同性权利或其他法定权利：有证据表明合同性权利或法定权利将被重新延续，如果在延续之前需要第三方同意，则还需有第三方将会同意的证据；有证据表明为获得重新延续所必需的条件将被满足，以及企业为延续持有无形资产所付出的成本相对于预期从重新延续中流入企业的未来经济利益相比不具有重要性。如果企业为延续无形资产持有期间而付出的成本与预期从重新延续中流入企业的未来经济利益相比具有重要性，则从本质上来看是企业获得的一项新的无形资产。

（2）没有明确的合同或法律规定无形资产的使用寿命的，企业应当综合各方面因素判断。例如，企业经过努力，聘请相关专家进行论证、与同行业的情况进行比较以及参考企业的历史经验等，来确定无形资产为企业带来未来经济利益的期限。

（3）经过上述努力仍确实无法合理确定无形资产为企业带来经济利益的期限的，才能将其作为使用寿命不确定的无形资产。例如，企业取得了一项在过去几年中市场份额领先的畅销产品的商标，该商标按照法律规定还有 5 年的使用寿命，但是在保护期届满时，企业可每 10 年以较低的手续费申请延期，同时有证据表明企业有能力申请延期。此外，根据产品生命周期、市场竞争等方面情况综合判断，该商标将在不确定的期间内为企业带来现金流量。综合各方面情况，该商标可视为使用寿命不确定的无形资产。又如，企业通过公开拍卖取得一项出租车运营许可，按照所在地的规定，以现有出租车运营许可权为限，不再授予新的运营许可权，而且在旧的出租车报废以后，有关的运营许可权可用于新的出租车。企业估计在有限的未来，将持续经营出租车行业。对于该运营许可权，由于其能为企业带来未来经济利益的期限从目前情况来看，无法可靠估计，因而应将其视为使用寿命不确定的无形资产。

（三）使用寿命有限的无形资产

使用寿命有限的无形资产，应在其预计的使用寿命内，采用合理的方法，对无形资产进行摊销。

1. 摊销期和摊销方法

无形资产的摊销期，是指自其可供使用（即达到预定用途）时起至终止确认时止。企业应当按月对无形资产进行摊销；当月新增的无形资产当月开始摊销，处置当月不再摊销。

在无形资产的使用寿命内系统地分摊其应摊销的金额，存在多种方法。具体包括直线法、生产总量法等。企业在选择摊销方法时，应当能够反映与该企业无形资产有关的经济利益的预期实现方式，并一致地应用于不同会计期间。例如，受技术陈旧因素影响较大的专利权和专有技术等无形资产，可以采用类似固定资产加速折旧的方法进行摊销；有特定产量限制的特许经营权或专利权，应采用产量法进行摊销；对于无法可靠确定其预期实现方式的，应当采用直线法进行摊销。

2. 残值的确定

无形资产的残值意味着，在其经济寿命结束之前，企业预计将会处置该无形资产，并且从该处置中取得的利益。除下列情况外，无形资产的残值一般为零：

（1）有第三方承诺在无形资产使用寿命结束时购买该项无形资产；

（2）可以根据活跃市场得到无形资产预计残值信息，并且该市场在该项无形资产使用寿命结束时可能存在。

残值确定以后，至少于每年年末进行复核，预计其残值与原估计金额不同的，应按照会计估计变更进行处理。如果无形资产的残值重新估计以后高于其账面价值的，则无形资产不再摊销，直至残值降至低于账面价值再恢复摊销。

例如，某企业购入一项专利技术成本为 100 万元，计划 5 年后转让给第三方。根据目前市场得到的信息，该专利技术残值为 10 万元，企业采用生产总量法对其摊销，到第 3 年末，经复核重估该专利技术预计残值为 30 万元，如果此时已摊销了 72 万元，该专利技术的账面价值为 28 万元，低于重估 30 万元的残值，则不再对该无形资产进行摊销，直到残值降低至低于其账面价值时再恢复摊销。

四、无形资产处置

无形资产的处置，主要是指无形资产出售、对外出租、对外捐赠，或者是无法为企业带来未来经济利益时，应予终止确认并转销。

（一）无形资产的出售

企业出售某项无形资产，表明企业放弃无形资产的所有权，应将所取得的价款与该无形资产账面价值的差额确认为处置非流动资产的利得或损失，计入当期营业外收入或营业外支出。

出售无形资产时，应按实际收到的金额，借记"银行存款"等科目，按已计提的累计摊销；借记"累计摊销"科目，原已计提减值准备；借记"无形资产减值准备"科目，按支付的相关税费；贷记"应交税费"等科目，按其账面价值；贷记"无形资产"科目，按其差额，贷记"营业外收入——处置非流动资产利得"科目或借记"营业外支出——处置非流动资产利得"科目。

（二）无形资产的出租

企业将所拥有的无形资产的使用权让渡给他人，并收取租金，在满足收入确认的条件的情况下，应确认相关的收入并结转相应的成本，通过"其他业务收入"或"其他业务成本"科目进行核算。

让渡无形资产使用权而取得的租金收入，借记"银行存款"等科目，贷记"其他业务收入"科目；摊销出租无形资产的成本及发生与转让有关的各种费用支出时，借记"其他业务成本"科目，贷记"累计摊销"等科目。

（三）无形资产的报废

如果无形资产预期不能为企业带来未来经济利益，则不再符合无形资产的定义，应将其报废并予以转销，将其账面价值转作当期损益。

无形资产报废转销时，应按已计提的累计摊销，借记"累计摊销"科目；按其账面余额，贷记"无形资产"科目；按其差额，借记"营业外支出"科目。已计提减值准备的，还应同时结转减值准备。

五、无形资产减值

无形资产由于技术进步或其他经济原因，导致其市场公允价值（即可收回金额）低于其账面值的，应该计提无形资产减值准备。

企业应定期对无形资产的账面价值进行检查，至少每年年末检查一次。如果发现无形资产存在减值情况，应对无形资产的公允价值进行确认，并将该无形资产的账面价值超过市场公允价值的部分确认为减值准备，计入"资产减值损失"科目。

无形资产减值损失一经确认，在以后会计期间不得转回。

思考题

1. 固定资产取得有哪些？

2. 固定资产折旧的范围有哪些？

3. 固定资产处置有哪些环节？

4. 无形资产的内容是什么？

5. 无形资产减值有哪些？

6. 什么是无形资产减值？

第四章　财务报告的编制

导读：

财务报表一般是指三表，而财务报告不仅指三表还包括附注说明或完整的财务分析等，是对一个公司的财务流程的具体展示的一个途径。财务报告审核无误后，应及时报送。对外报送的财务报告，应当依次编写页码，加具封面，装订成册，加盖公章。封面上应当注明：单位名称，单位地址，财产报告所属年度、季度、月度，送出日期，并由单位负责人和主管会计工作的负责人、会计机构负责人（会计主管人员）签名并盖章；设置总会计师的单位，还须由总会计师签名并盖章。会计报表编制完成并按时报送后，留存的报表也应按月装订成册。本章主要讲解财务报告的编制。

学习目标：

1. 理解财务报告的概念及目标。
2. 熟悉财务报表的概念、组成及列报的基本要求。
3. 掌握资产负债表、利润表、现金流量表及所有者权益变动表的编制方法。
4. 掌握报表附注的披露内容。
5. 能根据相关账簿资料编制资产负债表、利润表、现金流量表及所有者权益变动表。
6. 能根据会计准则要求在附注中披露相关的信息。

第一节　财务报告概述

一、财务报告的概念和目标

财务报告是指企业对外提供的反映企业某一特定日期的财务状况和某一会计期间的经营成果、现金流量等会计信息的文件。财务报告包括财务报表和其他应当在财务报告中披露的相关信息和资料。

财务报告的目标是向财务报告使用者提供与企业财务状况、经营成果和现金流量等有关的会计信息，反映企业管理层受托责任履行情况，有助于财务报告使用者作出经济决策。财务报告使用者通常包括投资者、债权人、政府及其有关部门和社会公众等。

二、财务报表的概念及其组成

财务报表是指在日常会计核算资料的基础上，按照规定的格式、内容和方法定期编制的，综合反映企业某一特定日期财务状况和某一特定时期经营成果、现金流量状况的书面文件，是对企业财务状况、经营成果和现金流量的结构性表述。财务报表是财务报告的核心内容。

一套完整的财务报告至少应当包括"四表一附注"，即资产负债表、利润表、现金流量表、所有者权益（或股东权益）变动表以及附注。

（一）资产负债表

资产负债表是反映企业在某一特定日期的财务状况的会计报表。反映了企业特定日期所拥有的资产、需偿还的债务以及股东（投资者）拥有的净资产情况。

（二）利润表

利润表是反映企业一定期间的经营成果和综合收益的会计报表，表明企业运用所拥有的资产的获利能力。

（三）现金流量表

现金流量表是反映企业在一定会计期间现金和现金等价物流入和流出情况的报表，表明企业生产经营过程中形成的现金流量和资金周转情况。

（四）所有者权益变动表

所有者权益变动表是反映构成所有者权益的各组成部分当期的增减变动情况的报表。

（五）附注

附注是财务报表不可或缺的组成部分，是对在资产负债表、利润表、现金流量表和所有者权益变动表等报表中列示项目的文字描述或明细资料，以及对未能在这些报表中列示项目的说明等。

三、财务报表的列报要求

（一）遵循各项会计准则确认和计量的结果编制财务报表

财务报表如表4-1所示。企业应当根据实际发生的交易和事项，遵循《企业会计准则——基本准则》和各项具体会计准则的规定进行确认和计量，在此基础上编制财务报表，并在附注中对这一情况作出声明。

表4-1　财务报表

资产	行次	年初数	期末数	项目	行次	年初数	期末数
流动资产：				流动负债：			
货币资金	1			其他应付帐款	62		
短期投资	2			应交税金	65		
其他应收款	3			预收账款	66		
预付帐款	4			应付账款	71		
待摊费用	9			预提费用	72		
其他流动资产	10			流动负债合计	80		
流动资产合计	20			长期应付款	84		
固定资产：				长期负债：			
固定资产原价	31			长期借款			
减：累计折旧	32			长期应付款			
固定资产净值	33			长期负债合计			
在建工程	34						
固定资产清理	38						
固定资产合计				净资产：			
				非限定性净资产	101		
无形资产：				限定性净资产	105		
无形资产	41			净产合计			
资产总计	60			负债和净资产总计	120		

（二）列报基础

企业应当以持续经营为基础，以持续经营为基础编制财务报表不再合理的，企业应当采用其他基础编制财务报表，并在附注中披露这一事实。

（三）权责发生制

除现金流量表按收付实现制编制外，企业应按权责发生制原则编制其他财务报表。

（四）重要性

企业财务报表某项目的省略或错报会影响使用者据此做出经济决策的，该项目具有重要性。重要性应当根据企业所处环境，从项目的性质和金额大小两方面予以判断。性质或功能不同的项目，应当在财务报表中单独列报，但不具有重要性的项目除外。性质或功能类似的项目，其所属类别具有重要性的，应当按其类别在财务报表中单独列报。

(五) 列报的一致性

财务报表项目的列报应当在各个会计期间保持一致，除会计准则要求改变财务报表项目的列报或企业经营业务的性质发生重大变化后，变更财务报表项目的列报能够提供更可靠、更相关的会计信息外，不得随意变更。

(六) 财务报表项目金额间的相互抵销

企业财务报表中的资产项目和负债项目的金额、收入项目和费用项目的金额不得相互抵销，但其他会计准则另有规定的除外。

(七) 比较信息的列报

企业当期财务报表的列报，至少应当提供所有列报项目上至少一项可比会计期间的比较数据，以及与理解当期财务报表相关的说明，但其他会计准则另有规定的除外。财务报表项目的列报发生变更的，应当对上期比较数据按照当期的列报要求进行调整，并在附注中披露调整的原因和性质，以及调整的各项目金额。对上期比较数据进行调整不切实可行的（是指企业在做出所有合理努力后仍然无法采用某项规定），应当在附注中披露不能调整的原因。

(八) 财务报表表首的列报要求

财务报表一般分为表首、正表两部分，表首部分至少披露编报企业的名称、资产负债表日或财务报表涵盖的会计期间、人民币金额单位以及财务报表的合并，应当予以标明。

(九) 报告期间

企业至少应当按年编制财务报表。年度财务报表涵盖的期间短于一年的，应当披露年度财务报表的涵盖期间、短于一年的原因以及报表数据不具可比性的事实。

第二节　资产负债表、利润表与现金流量表

一、资产负债表的编制

(一) 资产负债表概述

资产负债表是指反映企业在某一特定日期的财务状况的报表。资产负债表主

要反映资产、负债和所有者权益三方面的内容，并满足"资产＝负债＋所有者权益"平衡式。

1. 资产

资产是反映由过去的交易或事项形成并由企业在某一特定日期所拥有或控制的，预期会给企业带来经济利益的资源。资产应当按照流动资产和非流动资产两大类别在资产负债表中列示，在流动资产和非流动资产类别下进一步按性质分项列示。

流动资产是指预计在一个正常营业周期中变现、出售或耗用，或者主要为交易目的而持有，或者预计在资产负债表日起一年内（含一年）变现的资产，或者自资产负债表日起一年内交换其他资产或清偿负债的能力不受限制的现金或现金等价物。资产负债表中列示的流动资产项目通常包括货币资金、以公允价值计量且其变动计入当期损益的金融资产、应收票据、应收账款、预付款项、应收利息、应收股利、其他应收款、存货和一年内到期的非流动资产等。

非流动资产是指流动资产以外的资产。资产负债表中列示的非流动资产项目通常包括：长期股权投资、固定资产、在建工程、工程物资、固定资产清理、无形资产、开发支出、长期待摊费用以及其他非流动资产等。

2. 负债

负债是反映在某一特定日期企业所承担的、预期会导致经济利益流出企业的现时义务。负债应当按照流动负债和非流动负债在资产负债表中进行列示，在流动负债和非流动负债类别下再进一步按性质分项列示。

流动负债是指预计在一个正常营业周期中清偿，或者主要为交易目的而持有，或者自资产负债表日起一年内（含一年）到期应予以清偿，或者企业无权自主地将清偿推退至资产负债表日后一年以上的负债。资产负债表中列示的流动负债项目通常包括短期借款、应付票据、应付账款、预收款项、应付职工薪酬、应交税费、应付利息、应付股利、其他应付款、一年内到期的非流动负债等。

非流动负债是指流动负债以外的负债。非流动负债项目通常包括：长期借款、应付债券和其他非流动负债等。

3. 所有者权益

所有者权益是企业资产扣除负债后的剩余权益，反映企业在某一特定日期股东（投资者）拥有的净资产的总额。所有者权益一般按照实收资本、资本公积、其他综合收益、盈余公积和未分配利润分项列示。

（二）资产负债表的结构

我国企业的资产负债表采用账户式结构。账户式资产负债表分左右两方，左方为资产项目，大体按资产的流动性大小排列，流动性大的资产如"货币资金""以公允价值计量且其变动计入当期损益的金融资产"等排在前面，流动性小的资产如"长期股权投资""固定资产"等排在后面。右方为负债及所有者权益项目，一般按要求清偿时间的先后顺序排列，"短期借款""应付票据""应付账款"等需要在一年以内或者长于一年的一个正常营业周期内偿还的流动负债排在前面，"长期借款"等在一年以上才需偿还的非流动负债排在中间，在企业清算之前不需要偿还的所有者权益项目排在后面。

企业衍生金融工具业务具有重要性的，应当在资产负债表资产项下"以公允价值计量且其变动计入当期损益的金融资产"项目和"应收票据"项目之间增设"衍生金融资产"项目，在资产负债表负债项下"以公允价值计量且其变动计入当期损益的金融负债"项目和"应付票据"项目之间增设"衍生金融负债"项目，分别反映企业衍生工具形成资产和负债的期末余额。账户式资产负债表中的资产各项目的合计等于负债和所有者权益各项目的合计，即资产负债表左方和右方平衡。因此，通过账户式资产负债表，可以反映资产、负债、所有者权益之间的内在关系，即"资产＝负债＋所有者权益"。

（三）资产负债表的编制

1. 资产负债表项目的填列方法

资产负债表各项目均需填列"年初余额"和"期末余额"两栏。其中"年初余额"栏内各项数字，应根据上年末资产负债表的"期末余额"栏内所列数字填列。"期末余额"栏主要有以下几种填列方法。

（1）根据总账科目余额填列

如"以公允价值计量且其变动计入当期损益的金融资产""短期借款""应付票据"等项目，根据"以公允价值计量且其变动计入当期损益的金融资产""短期借款""应付票据"各总账科目的余额直接填列；有些项目则需根据几个总账科目的期末余额计算填列，如"货币资金"项目，需根据"库存现金""银行存款""其他货币资金"三个总账科目的期末余额的合计数填列。

（2）根据明细账科目余额计算填列

如"应付账款"项目，需要根据"应付账款"和"预付款项"两个科目所属的相关明细科目的期末贷方余额计算填列；"应收账款"项目，需要根据"应收账款"和"预收款项"两个科目所属的相关明细科目的期末借方余额计算填列。

（3）根据总账科目和明细账科目余额分析计算填列

如"长期借款"项目，需要根据"长期借款"总账科目余额扣除"长期借款"科目所属的明细科目中将在一年内到期且企业不能自主地将清偿义务展期的长期借款后的金额计算填列。

（4）根据有关科目余额减去其备抵科目余额后的净额填列

如资产负债表中"应收票据""应收账款""长期股权投资""在建工程"等项目，应当根据"应收票据""应收账款""长期股权投资""在建工程"等科目的期末余额减去"坏账准备""长期股权投资减值准备""在建工程减值准备"等科目余额后的净额填列。"投资性房地产""固定资产"项目，应当根据"投资性房地产""固定资产"科目的期末余额减去"投资性房地产累计折旧""累计折旧""投资性房地产减值准备""固定资产减值准备"等科目余额后的净额填列；"无形资产"项目，应当根据"无形资产"科目的期末余额减去"累计摊销""无形资产减值准备"等科目余额后的净额填列。

（5）综合运用上述填列方法分析填列

如资产负债表中的"存货"项目，需要根据"原材料""委托加工物资""周转材料""材料采购""在途物资""发出商品""材料成本差异"等总账科目期末余额的分析汇总数，再减去"存货跌价准备"科目余额后的净额填列。

2. 资产负债表目的填列说明

资产负债表中资产、负债和所有者权益主要项目的填列说明如下。

（1）资产项目的填列说明

①"货币资金"项目，反映企业库存现金、银行结算户存款、外埠存款、银行汇票存款、银行本票存款、信用卡存款、信用证保证金存款等的合计数。本项目应根据"库存现金""银行存款""其他货币资金"科目期末余额的合计数填列。

②"以公允价值计量且其变动计入当期损益的金融资产"项目，反映企业持有的以公允价值计量且其变动计入当期损益的为交易目的所持有的债券投资、股票投资、基金投资、权证投资等金融资产。本项目应当根据"交易性金融资产"科目和初始确认时指定为以公允价值计量且其变动计入当期损益的金融资产科目的期末余额填列。

③"应收票据"项目，反映企业因销售商品、提供劳务等而收到的商业汇票，包括银行承兑汇票和商业承兑汇票。本项目应根据"应收票据"科目的期末余额，减去"坏账准备"科目中有关应收票据计提的坏账准备期末余额后的净额填列。

④"应收账款"项目，反映企业因销售商品、提供劳务等经营活动应收取的款项。本项目应根据"应收账款"和"预收账款"科目所属各明细科目的期末借

方余额合计数，减去"坏账准备"科目中有关应收账款计提的坏账准备期末余额后的净额填列。例如，"应收账款"科目所属明细科目期末有贷方余额的，应在资产负债表"预收款项"项目内填列。

⑤"预付款项"项目，反映企业按照购货合同规定预付给供应单位的款项等。本项目应根据"预付账款"和"应付账款"科目所属各明细科目的期末借方余额合计数，减去"坏账准备"科目中有关预付账款计提的坏账准备期末余额后的净额填列。例如，"预付账款"科目所属明细科目期末有贷方余额的，应在资产负债表"应付账款"项目内填列。

⑥"应收利息"项目，反映企业应收取的债券投资等的利息。本项目应根据"应收利息"科目的期末余额，减去"坏账准备"科目中有关应收利息计提的坏账准备期末余额后的净额填列。

⑦"应收股利"项目，反映企业应收取的现金股利和应收取其他单位分配的利润。本项目应根据"应收股利"科目的期末余额，减去"坏账准备"科目中有关应收股利计提的坏账准备期末余额后的净额填列。

⑧"其他应收款"项目，反映企业除应收票据、应收账款、预付账款、应收股利、应收利息等经营活动以外的其他各种应收、暂付的款项。本项目应根据"其他应收款"科目的期末余额，减去"坏账准备"科目中有关其他应收款计提的坏账准备期末余额后的净额填列。

⑨"存货"项目，反映企业期末在库、在途和在加工中的各种存货的可变现净值。存货包括各种材料、商品、在产品、半成品、包装物、低值易耗品、委托代销商品等。本项目应根据"材料采购""原材料""低值易耗品""库存商品""周转材料""委托加工物资""委托代销商品""生产成本"等科目的期末余额合计数，减去"代销商品款""存货跌价准备"科目期末余额后的净额填列。材料采用计划成本核算，以及库存商品采用计划成本核算或售价核算的企业，还应按加或减材料成本差异、商品进销差价后的金额填列。

⑩"一年内到期的非流动资产"项目，反映企业将于一年内到期的非流动资产项目金额。本项目应根据有关科目的期末余额分析填列。

⑪"长期股权投资"项目，反映投资方对被投资单位实施控制、重大影响的权益性投资，以及对其合营企业的权益性投资。本项目应根据"长期股权投资"科目的期末余额，减去"长期股权投资减值准备"科目的期末余额后的净额填列。

⑫"固定资产"项目，反映企业各种固定资产原价减去累计折旧和减值准备后的净值。本项目应根据"固定资产"科目的期末余额，减去"累计折旧"和

"固定资产减值准备"科目期末余额后的净额填列。

⑬"在建工程"项目，反映企业期末各项未完工程的实际支出，包括交付安装的设备价值、未完建筑安装工程已经耗用的材料、工资和费用支出等项目的可收回金额。本项目应根据"在建工程"科目的期末余额，减去"在建工程减值准备"科目期末余额后的净额填列。

⑭"工程物资"项目，反映企业尚未使用的各项工程物资的实际成本。本项目应根据"工程物资"科目的期末余额填列。

⑮"固定资产清理"项目，反映企业因出售、毁损、报废等原因转入清理但尚未清理完毕的固定资产的净值，以及固定资产清理过程中所发生的清理费用和变价收入等各项金额的差额。本项目应根据"固定资产清理"科目的期末借方余额填列，如"固定资产清理"科目期末为贷方余额，以"-"号填列。

⑯"无形资产"项目，反映企业持有的专利权、非专利技术、商标权、著作权、土地使用权等无形资产的成本减去累计摊销和减值准备后的净值。本项目应根据"无形资产"科目的期末余额，减去"累计摊销"和"无形资产减值准备"科目期末余额后的净额填列。

⑰"开发支出"项目，反映企业开发无形资产过程中能够资本化形成无形资产成本的支出部分。本项目应当根据"研发支出"科目中所属的"资本化支出"明细科目期末余额填列。

⑱"长期待摊费用"项目，反映企业已经发生但应由本期和以后各期负担的分摊期限在一年以上的各项费用。长期待摊费用中在一年内（含一年）摊销的部分，在资产负债表"一年内到期的非流动资产"项目填列。本项目应根据"长期待摊费用"科目的期末余额减去将于一年内（含一年）摊销的数额后的金额分析填列。

⑲"其他非流动资产"项目，反映企业除长期股权投资、固定资产、在建工程、工程物资、无形资产等以外的其他非流动资产。本项目应根据有关科目的期末余额填列。

（2）负债项目的填列说明

①"短期借款"项目，反映企业向银行或其他金融机构等借入的期限在一年以下（含一年）的各种借款。本项目应根据"短期借款"科目的期末余额填列。

②"应付票据"项目，反映企业因购买材料、商品和接受劳务供应等而开出、承兑的商业汇票，包括银行承兑汇票和商业承兑汇票。本项目应根据"应付票据"科目的期末余额填列。

③"应付账款"项目，反映企业因购买材料、商品和接受劳务供应等经营活动应支付的款项。本项目应根据"应付账款"和"预付账款"科目所属各明细科目的期末贷方余额合计数填列。例如，"应付账款"科目所属明细科目期末有借方余额的，应在资产负债表"预付款项"项目内填列。

④"预收款项"项目，反映企业按照购货合同规定预收供应单位的款项。本项目应根据"预收账款"和"应收账款"科目所属各明细科目的期末贷方余额合计数填列。例如，"预收账款"科目所属明细科目期末有借方余额的，应在资产负债表"应收账款"项目内填列。

⑤"应付职工薪酬"项目，反映企业为获得职工提供的服务或解除劳动关系而给予的各种形式的报酬或补偿。企业提供给职工配偶、子女、受赡养人、已故员工遗属及其他受益人等的福利，也属于职工薪酬。职工薪酬主要包括短期薪酬、离职后福利、辞退福利和其他长期职工福利。

⑥"应交税费"项目，反映企业按照税法规定计算应交纳的各种税费，包括增值税、消费税、营业税、所得税、资源税、土地增值税、城市维护建设税、房产税、土地使用税、车船税、教育费附加、矿产资源补偿费等。企业代扣代缴的个人所得税，也通过本项目列示。企业所缴纳的税金不需要预计应交数的，如印花税、耕地占用税等，不在本项目列示。本项目应根据"应交税费"科目的期末贷方余额填列，如"应交税费"科目期末为借方余额，应以"-"号填列。

⑦"应付利息"项目，反映企业按照规定应当支付的利息，包括分期付息到期还本的长期借款应支付的利息、企业发行的企业债券应支付的利息等。本项目应根据"应付利息"科目的期末余额填列。

⑧"应付股利"项目，反映企业应付未付的现金股利或利润。企业分配的股票股利，不通过本项目列示。本项目应根据"应付股利"科目的期末余额填列。

⑨"其他应付款"项目，反映企业除应付票据、应付账款、预收账款、应付职工薪酬、应付股利、应付利息、应交税费等经营活动以外的其他各项应付、暂收的款项。本项目应根据"其他应付款"科目的期末余额填列。

⑩"一年内到期的非流动负债"项目，反映企业非流动负债中将于资产负债表日后一年内到期部分的金额，如将于一年内偿还的长期借款。本项目应根据有关科目的期末余额分析填列。

⑪"长期借款"项目，反映企业向银行或其他金融机构借入的期限在一年以上（不含一年）的各项借款。本项目应根据"长期借款"科目的期末余额填列。

⑫"应付债券"项目，反映企业为筹集长期资金而发行的债券本金（和利

息）。本项目应根据"应付债券"科目的期末余额填列。

⑬"其他非流动负债"项目，反映企业除长期借款、应付债券等项目以外的其他非流动负债。本项目应根据有关科目的期末余额填列。"其他非流动负债"项目应根据有关科目期末余额减去将于一年内（含一年）到期偿还数后的余额分析填列。非流动负债各项目中将于一年内（含一年）到期的非流动负债，应在"一年内到期的非流动负债"项目内反映。

（3）所有者权益项目的填列说明

①"实收资本（或股本）"项目，反映企业各投资者实际投入的资本（或股本）总额。本项目应根据"实收资本（或股本）"科目的期末余额填列。

②"资本公积"项目，反映企业资本公积的期末余额。本项目应根据"资本公积"科目的期末余额填列。

③"其他综合收益"项目，反映企业其他综合收益的期末余额。本项目应根据"其他综合收益"科目的期末余额填列。

④"盈余公积"项目，反映企业盈余公积的期末余额。本项目应根据"盈余公积"科目的期末余额填列。

⑤"未分配利润"项目，反映企业尚未分配的利润。本项目应根据"本年利润"科目和"利润分配"科目的余额计算填列。未弥补的亏损在本项目内以"-"号填列。

二、利润表

（一）利润表概述

利润表是指反映企业在一定会计期间的经营成果的报表。通过利润表可以反映企业在一定会计期间收入、费用、利润（或亏损）的数额和构成情况，帮助财务报表使用者全面了解企业的经营成果，分析企业的获利能力及盈利增长趋势，从而为其作出经济决策提供依据。

（二）利润表的编制

1. 利润表项目的填列方法

我国企业利润表的主要编制步骤和内容如下。

第一步，以营业收入为基础，减去营业成本、营业税金及附加、销售费用、管理费用、财务费用、资产减值损失，加上公允价值变动收益（减去公允价值变动损失）和投资收益（减去投资损失），计算出营业利润。

第二步，以营业利润为基础，加上营业外收入，减去营业外支出，计算出利润总额。

第三步，以利润总额为基础，减去所得税费用，计算出净利润（或净亏损）。

第四步，以净利润（或净亏损）为基础，计算每股收益。

第五步，以净利润（或净亏损）和其他综合收益为基础，计算综合收益总额。

利润表各项目均需填列"本期金额"和"上期金额"两栏。其中"上期金额"栏内各项数字，应根据上年该期利润表的"本期金额"栏内所列数字填列。"本期金额"栏内各期数字，除"基本每股收益"和"稀释每股收益"项目外，应当按照相关科目的发生额分析填列。例如，"营业收入"项目，根据"主营业务收入""其他业务收入"科目的发生额分析计算填列；"营业成本"项目，根据"主营业务成本""其他业务成本"科目的发生额分析计算填列。

2. 利润表项目的填列说明

（1）"营业收入"项目，反映企业经营主要业务和其他业务所确认的收入总额。本项目应根据"主营业务收入"和"其他业务收入"科目的发生额分析填列。

（2）"营业成本"项目，反映企业经营主要业务和其他业务所发生的成本总额。本项目应根据"主营业务成本"和"其他业务成本"科目的发生额分析填列。

（3）"营业税金及附加"项目，反映企业经营业务应负担的消费税、营业税、城市维护建设税、资源税、土地增值税和教育费附加等。本项目应根据"营业税金及附加"科目的发生额分析填列。

（4）"销售费用"项目，反映企业在销售商品过程中发生的包装费、广告费等费用和为销售本企业商品而专设的销售机构的职工薪酬、业务费等经营费用。本项目应根据"销售费用"科目的发生额分析填列。

（5）"管理费用"项目，反映企业为组织和管理生产经营发生的管理费用。本项目应根据"管理费用"科目的发生额分析填列。

（6）"财务费用"项目，反映企业为筹集生产经营所需资金等而发生的筹资费用。本项目应根据"财务费用"科目的发生额分析填列。

（7）"资产减值损失"项目，反映企业各项资产发生的减值损失。本项目应根据"资产减值损失"科目的发生额分析填列。

（8）"公允价值变动收益"项目，反映企业应当计入当期损益的资产或负债公允价值变动收益。本项目应根据"公允价值变动损益"科目的发生额分析填列，如为净损失，本项目以"-"号填列。

（9）"投资收益"项目，反映企业以各种方式对外投资所取得的收益。本项目应根据"投资收益"科目的发生额分析填列。如为投资损失，本项目以"-"号填列。

（10）"营业利润"项目，反映企业实现的营业利润。如为亏损，本项目以"-"号填列。

（11）"营业外收入"项目，反映企业发生的与经营业务无直接关系的各项收入。本项目应根据"营业外收入"科目的发生额分析填列。

（12）"营业外支出"项目，反映企业发生的与经营业务无直接关系的各项支出。本项目应根据"营业外支出"科目的发生额分析填列。

（13）"利润总额"项目，反映企业实现的利润。如为亏损，本项目以"-"号填列。

（14）"所得税费用"项目，反映企业应从当期利润总额中扣除的所得税费用。本项目应根据"所得税费用"科目的发生额分析填列。

（15）"净利润"项目，反映企业实现的净利润。如为亏损，本项目以"-"号填列。

（16）"每股收益"项目，包括基本每股收益和稀释每股收益两项指标，反映普通股或潜在普通股已公开交易的企业，以及正处在公开发行普通股或潜在普通股过程中的企业的每股收益信息。

（17）"其他综合收益的税后净额"项目，反映企业根据企业会计准则规定未在损益中确认的各项利得和损失扣除所得税影响后的净额。

（18）"综合收益总额"项目，反映企业净利润与其他综合收益的合计金额。

三、现金流量表

（一）现金流量表概述

现金流量表是反映企业在一定会计期间现金和现金等价物流入和流出的报表。通过现金流量表，可以为报表使用者提供企业一定会计期间内现金和现金等价物流入和流出的信息，便于使用者了解和评价企业获取现金和现金等价物的能力，据以预测企业未来现金流量。

现金流量是指一定会计期间企业现金和现金等价物的流入和流出。企业从银行提取现金、用现金购买短期到期的国债等现金和现金等价物之间的转换不属于现金流量。

现金是指企业库存现金以及可以随时用于支付的存款，包括库存现金、银行存款和其他货币资金（如外埠存款、银行汇票存款、银行本票存款等）等。不能随时用于支付的存款不属于现金。现金等价物是指企业持有的期限短、流动性强、易于转换为已知金额现金、价值变动风险很小的投资。期限短，一般是指从购买日起三个月内到期。现金等价物通常包括三个月内到期的债券投资等。权益性投资变现的金额通常不确定，因而不属于现金等价物。企业应当根据具体情况，确定现金等价物的范围，一经确定不得随意变更。

企业产生的现金流量分为以下三类。

1. 经营活动产生的现金流量

经营活动是指企业投资活动和筹资活动以外的所有交易和事项。经营活动主要包括销售商品、提供劳务、购买商品、接受劳务、支付工资和缴纳税费等流入和流出现金和现金等价物的活动或事项。

2. 投资活动产生的现金流量

投资活动是指企业长期资产的购建和不包括在现金等价物范围内的投资及其处置活动。投资活动主要包括购建固定资产、处置子公司及其他营业单位等流入和流出现金和现金等价物的活动或事项。

3. 筹资活动产生的现金流量

筹资活动是指导致企业资本及债务规模和构成发生变化的活动。

筹资活动主要包括吸收投资、发行股票、分配利润、发行债券、偿还债务等流入和流出现金和现金等价物的活动或事项。偿付应付账款、应付票据等商业应付款属于经营活动，不属于筹资活动。

（二）现金流量表的编制

1. 现金流量表的编制方法

企业一定期间的现金流量可分为三部分，即经营活动现金流量、投资活动现金流量和筹资活动现金流量。编制现金流量表时，经营活动现金流量的方法有两种：一是直接法，二是间接法。这两种方法通常也称为编制现金流量表的直接法和间接法。直接法和间接法各有特点。

在直接法下，一般是以利润表中的营业收入为起算点，调节与经营活动有关项目的增减变动，然后计算出经营活动产生的现金流量。在间接法下，则是以净利润为起算点，调整不涉及现金的收入、费用、营业外收支等有关项目，剔除投资活动、筹资活动对现金流量的影响，据此计算出经营活动产生的现金流量。相对而言，采用直接法编制的现金流量表，便于分析企业经营活动产生的现金流量的来源和用途，预测企业现金流量的未来前景。而采用间接法不易做到这一点。

企业会计准则规定，企业应当采用直接法列示经营活动产生的现金流量。采用直接法具体编制现金流量表时，可以采用工作底稿法或 T 型账户法，也可以根据有关科目记录分析填列。

工作底稿法是以工作底稿为手段，以利润表和资产负债表数据为基础，结合有关科目的记录，对现金流量表的每一项目进行分析并编制调整分录，从而编制出现金流量表的一种方法。

第一步，将资产负债表项目的年初余额和期末金额过入工作底稿中与之对应项目期初数栏和期末数栏。

第二步，对当期业务进行分析并编制调整分录。在调整分录中，有关现金及现金等价物的事项分别计入"经营活动产生的现金流量""投资活动产生的现金流量""筹资活动产生的现金流量"等项目，借记表明现金流入，贷记表明现金流出。

第三步，将调整分录过入工作底稿中的相应部分。

第四步，核对调整分录，借贷合计应当相等，资产负债表项目期初数加减调整分录中的借贷金额以后，应当等于期末数。

现金流量表各项目均需填列"本期金额"和"上期金额"两栏。现金流量表"上期金额"栏内各项数字，应根据上一期间现金流量表"本期金额"栏内所列数字填列。

2. 现金流量表主要项目说明

（1）经营活动产生的现金流量

①"销售商品、提供劳务收到的现金"项目，反映企业本期销售商品、提供劳务收到的现金，以及前期销售商品、提供劳务本期收到的现金（包括应向购买者收取的增值税销项税额）和本期预收的款项，减去本期销售本期退回商品和前期销售本期退回商品支付的现金。企业销售材料和代购代销业务收到的现金也在本项目反映。

②"收到的税费返还"项目，反映企业收到返还的所得税、增值税、营业税、消费税、关税和教育费附加等各种税费返还款。

③"收到其他与经营活动有关的现金"项目，反映企业经营租赁收到的租金

等其他与经营活动有关的现金流入，金额较大的应当单独列示。

④"购买商品、接受劳务支付的现金"项目，反映企业本期购买商品、接受劳务实际支付的现金（包括增值税进项税额），以及本期支付前期购买商品、接受劳务的未付款项和本期预付款项，减去本期发生的购货退回收到的现金。企业购买材料和代购代销业务支付的现金，也在本项目反映。

⑤"支付给职工以及为职工支付的现金"项目，反映企业实际支付给职工的工资、奖金、各种津贴和补贴等职工薪酬（包括代扣代缴的职工个人所得税）。

⑥"支付的各项税费"项目，反映企业发生并支付、前期发生本期支付以及预缴的各项税费，包括所得税、增值税、营业税、消费税、印花税、房产税、土地增值税、车船税、教育费附加等。

⑦"支付其他与经营活动有关的现金"项目，反映企业经营租赁支付的租金、支付的差旅费、业务招待费、保险费、罚款支出等其他与经营活动有关的现金流出，金额较大的应当单独列示。

（2）投资活动产生的现金流量

①"收回投资收到的现金"项目，反映企业出售、转让或到期收回除现金等价物以外的对其他企业长期股权投资等收到的现金，但处置子公司及其他营业单位收到的现金净额除外。

②"取得投资收益收到的现金"项目，反映企业除现金等价物以外的对其他企业的长期股权投资等分回的现金股利和利息等。

③"处置固定资产、无形资产和其他长期资产收回的现金净额"项目，反映企业出售、报废固定资产、无形资产和其他长期资产所取得的现金（包括因资产毁损而收到的保险赔偿收入），减去为处置这些资产而支付的有关费用后的净额。

④"处置子公司及其他营业单位收到的现金净额"项目，反映企业处置子公司及其他营业单位所取得的现金，减去相关处置费用以及子公司及其他营业单位持有的现金和现金等价物后的净额。

⑤"购建固定资产、无形资产和其他长期资产支付的现金"项目，反映企业购买、建造固定资产、取得无形资产和其他长期资产所支付的现金（含增值税款等），以及用现金支付的应由在建工程和无形资产负担的职工薪酬。

⑥"投资支付的现金"项目，反映企业取得除现金等价物以外的对其他企业的长期股权投资等所支付的现金以及支付的佣金、手续费等附加费用，但取得子公司及其他营业单位支付的现金净额除外。

⑦"取得子公司及其他营业单位支付的现金净额"项目，反映企业购买子公

司及其他营业单位购买出价中以现金支付的部分，减去子公司及其他营业单位持有的现金和现金等价物后的净额。

⑧ "收到其他与投资活动有关的现金""支付其他与投资活动有关的现金"项目，反映企业除上述①至⑦项目外收到或支付的其他与投资活动有关的现金，金额较大的应当单独列示。

（3）筹资活动产生的现金流量

① "吸收投资收到的现金"项目，反映企业以发行股票、债券等方式筹集资金实际收到的款项（发行收入减去支付的佣金等发行费用后的净额）。

② "取得借款收到的现金"项目，反映企业举借各种短期、长期借款而收到的现金。

③ "偿还债务支付的现金"项目，反映企业为偿还债务本金而支付的现金。

④ "分配股利、利润或偿付利息支付的现金"项目，反映企业实际支付的现金股利、支付给其他投资单位的利润或用现金支付的借款利息、债券利息。

⑤ "收到其他与筹资活动有关的现金""支付其他与筹资活动有关的现金"项目，反映企业除上述①至④项目外收到或支付的其他与筹资活动有关的现金，金额较大的应当单独列示。

（4） "汇率变动对现金及现金等价物的影响"

"汇率变动对现金及现金等价物的影响"项目，反映下列两个金额之间的差额：

①企业外币现金流量折算为记账本位币时，采用现金流量发生日的即期汇率或按照系统合理的方法确定的、与现金流量发生日即期汇率近似的汇率折算的金额（编制合并现金流量表时折算境外子公司的现金流量，应当比照处理）。

②企业外币现金及现金等价物净增加额按资产负债表日即期汇率折算的金额。

第三节　所有者权益变动表与附注

一、所有者权益变动表

（一）所有者权益变动表概述

所有者权益变动表是指反映构成所有者权益各组成部分当期增减变动情况的

报表。所有者权益变动表如表 4-2 所示。

表 4-2 所有者权益变动表

编制单位： 年度 会企××表

单位：元

项目	本年金额						上年金额					
	实收资本（或股本）	资本公积	减：库存股	其他综合收益	盈余公积	未分配利润	所有者权益合计	实收资本或股本	资本公积	减：库存股	其他综合收益	盈余公积	未分配利润	所有者权益合计
一、上年年末余额												
加：会计政策变更前期差错更正												
二、本年年初余额												
三、本年增减变动金额（减少以"－"号填列）												
（一）综合收益总额												
（二）所有者投入和减少资本												
1. 所有者投入资本												
2. 股份支付计入所有者权益的金额												
3. 其他												
（三）利润分配												
1. 提取盈余公积												

续表

项目	本年金额						上年金额					
	实收资本（或股本）	资本公积	减：库存股	其他综合收益	盈余公积	未分配利润	所有者权益合计	实收资本或股本	资本公积	减：库存股	其他综合收益	盈余公积	未分配利润	所有者权益合计
2.对所有者（或股东）的分配												
3.其他												
（四）所有者权益内部结转												
1.资本公积转增资本（或股本）												
2.盈余公积转增资本（或股本）												
3.盈余公积弥补亏损												
4.其他												
四、本年年末余额												

通过所有者权益变动表，既可以为报表使用者提供所有者权益总量增减变动的信息，也能为其提供所有者权益增减变动的结构性信息，特别是能够让报表使用者理解所有者权益增减变动的根源。

（二）所有者权益变动表的结构

在所有者权益变动表上，企业至少应当单独列示反映下列信息的项目。

（1）综合收益总额。

（2）会计政策变更和差错更正的累积影响金额。

（3）所有者投入资本和向所有者分配利润等。

（4）提取的盈余公积。

（5）实收资本或资本公积、盈余公积、未分配利润的期初和期末余额及其调节情况。

所有者权益变动表以矩阵的形式列示：一方面，列示导致所有者权益变动的交易或事项，即所有者权益变动的来源，对一定时期所有者权益的变动情况进行全面反映；另一方面，按照所有者权益各组成部分（即实收资本、资本公积、其他综合收益、盈余公积、未分配利润和库存股）列示交易或事项对所有者权益各部分的影响。

（三）所有者权益变动表的编制

1. 所有者权益变动表项目的填列方法

所有者权益变动表各项目均需填列"本年金额"和"上年金额"两栏。

所有者权益变动表"上年金额"栏内各项数字，应根据上年度所有者权益变动表"本年金额"栏内所列数字填列。上年度所有者权益变动表规定的各个项目的名称和内容同本年度不一致的，应对上年度所有者权益变动表各项目的名称和数字按照本年度的规定进行调整，填入所有者权益变动表的"上年金额"栏内。

所有者权益变动表"本年金额"栏内各项数字一般应根据"实收资本（或股本）""资本公积""其他综合收益""盈余公积""利润分配""库存股""以前年度损益调整"科目的发生额分析填列。

企业的净利润及其分配情况作为所有者权益变动的组成部分，不需要单独编制利润分配表列示。

2. 所有者权益变动表主要项目说明

（1）"上年年末余额"项目，反映企业上年资产负债表中实收资本（或股本）、资本公积、库存股、其他综合收益、盈余公积、未分配利润的年末余额。

（2）"会计政策变更""前期差错更正"项目，分别反映企业采用追溯调整法处理的会计政策变更的累积影响金额和采用追溯重述法处理的会计差错更正的累积影响金额。

（3）"本年增减变动金额"项目：

① "综合收益总额"项目，反映净利润和其他综合收益扣除所得税影响后的净额相加后的合计金额。

② "所有者投入和减少资本"项目，反映企业当年所有者投入的资本和减少的资本。

"所有者投入资本"项目，反映企业接受投资者投入形成的实收资本（或股本）和资本溢价或股本溢价。

"股份支付计入所有者权益的金额"项目，反映企业处于等待期中的权益结算的股份支付当年计入资本公积的金额。

③ "利润分配"项目，反映企业当年的利润分配金额。

④ "所有者权益内部结转"项目，反映企业构成所有者权益的组成部分之间的增减变动情况。

"资本公积转增资本（或股本）"项目，反映企业以资本公积转增资本或股本的金额。

"盈余公积转增资本（或股本）"项目，反映企业以盈余公积转增资本或股本的金额。

"盈余公积弥补亏损"项目，反映企业以盈余公积弥补亏损的金额。

二、附注

（一）附注概述

附注是对资产负债表、利润表、现金流量表和所有者权益变动表等报表中列示项目的文字描述或明细资料，以及对未能在这些报表中列示项目的说明等。

附注主要起到两方面的作用：

第一，附注的披露，是对资产负债表、利润表、现金流量表和所有者权益变动表列示项目的含义的补充说明，帮助使用者更准确地把握其含义。例如，通过阅读附注中披露的固定资产折旧政策的说明，使用者可以掌握报告企业与其他企业在固定资产折旧政策上的异同，以便进行更准确的比较。

第二，附注提供了对资产负债表、利润表、现金流量表和所有者权益变动表中未列示项目的详细或明细说明。例如，通过阅读附注中披露的存货增减变动情况，使用者可以了解资产负债表中未单列的存货分类信息。

通过附注与资产负债表、利润表、现金流量表和所有者权益变动表列示项目的相互参照关系，以及对未能在报表中列示项目的说明，可以使报表使用者全面了解企业的财务状况、经营成果和现金流量。

（二）附注的主要内容

附注是财务报表的重要组成部分。企业应当按照如下顺序披露附注的内容。

1. 企业的基本情况

（1）企业注册地、组织形式和总部地址。

（2）企业的业务性质和主要经营活动。

（3）母公司以及集团最终母公司的名称。

（4）财务报告的批准报出者和财务报告批准报出日。

（5）营业期限有限的企业，还应当披露有关营业期限的信息。

2. 财务报表的编制基础

财务报表的编制基础是指财务报表是在持续经营基础上还是非持续经营基础上编制的。企业一般是在持续经营基础上编制财务报表，清算、破产属于非持续经营基础。

3. 遵循企业会计准则的声明

企业应当声明编制的财务报表符合企业会计准则的要求，真实、完整地反映了企业的财务状况、经营成果和现金流量等有关信息，以此明确企业编制财务报表所依据的制度基础。

4. 重要会计政策和会计估计

企业应当披露采用的重要会计政策和会计估计，不重要的会计政策和会计估计可以不披露。在披露重要会计政策和会计估计时，企业应当披露重要会计政策的确定依据和财务报表项目的计量基础，以及会计估计中所采用的关键假设和不确定因素。

会计政策的确定依据，主要是指企业在运用会计政策过程中所作的对报表中确认的项目金额最具影响的判断，有助于使用者理解企业选择和运用会计政策的背景，增加财务报表的可理解性。财务报表项目的计量基础，是指企业计量该项目采用的是历史成本、重置成本、可变现净值、现值，还是公允价值，这直接影响使用者对财务报表的理解和分析。

在确定报表中确认的资产和负债的账面价值过程中，企业有时需要对不确定的未来事项在资产负债表日对这些资产和负债的影响加以估计，如企业预计持有至到期投资未来现金流量采用的折现率和假设。这类假设的变动对这些资产和负债项目金额的确定影响很大，有可能会在下一个会计年度内作出重大调整，因此，强调这一披露要求，有助于提高财务报表的可理解性。

5. 会计政策和会计估计变更以及差错更正的说明

企业应当按照会计政策、会计估计变更和差错更正会计准则的规定，披露会计政策和会计估计变更以及差错更正的有关情况。

6. 报表重要项目的说明

企业对报表重要项目的说明，应当按照资产负债表、利润表、现金流量表、所有者权益变动表及其项目列示的顺序，采用文字和数字描述相结合的方式进行披露。报表重要项目的明细金额合计应当与报表项目金额相衔接，主要包括以下重要项目。

（1）以公允价值计量且其变动计入当期损益的金融资产。企业应当披露以公允价值计量且其变动计入当期损益的金融资产的账面价值，并分别反映交易性金融资产和在初始确认时指定为以公允价值计量且其变动计入当期损益的金融资产。

对于指定为以公允价值计量且其变动计入当期损益的金融资产，应当披露下列信息：

①指定的金融资产的性质。

②初始确认时对上述金融资产作出指定的标准。

③如何满足运用指定的标准。

（2）应收款项。企业应当披露应收款项的账龄结构和客户类别以及期初、期末账面余额等信息。

（3）存货。企业应当披露下列信息：

①各类存货的期初和期末账面价值。

②确定发出存货成本所采用的方法。

③存货可变现净值的确定依据，存货跌价准备的计提方法，当期计提的存货跌价准备的金额，当期转回的存货跌价准备的金额，以及计提和转回的有关情况。

④用于担保的存货账面价值。

（4）长期股权投资。企业应当披露下列信息：

①对控制、共同控制、重大影响的判断。

②对投资性主体的判断及主体身份的转换。

③企业集团的构成情况。

④重要的非全资子公司的相关信息。

⑤对使用企业集团资产和清偿企业集团债务的重大限制。

⑥纳入合并财务报表范围的结构化主体的相关信息。

⑦企业在其子公司的所有者权益份额发生变化的情况。

⑧投资性主体的相关信息。

⑨合营安排和联营企业的基础信息。

⑩重要的合营企业和联营企业的主要财务信息。

⑪不重要的合营企业和联营企业的汇总财务信息。

⑫与企业在合营企业和联营企业中权益相关的风险信息。

⑬未纳入合并财务报表范围的结构化主体的基础信息。

⑭与权益相关资产负债的账面价值和最大损失敞口。

⑮企业是结构化主体的发起人但在结构化主体中没有权益的情况。

⑯向未纳入合并财务报表范围的结构化主体提供支持的情况。

⑰未纳入合并财务报表范围结构化主体的额外信息披露。

（5）投资性房地产。企业应当披露下列信息：

①投资性房地产的种类、金额和计量模式。

②采用成本模式的，投资性房地产的折旧或摊销，以及减值准备的计提情况。

③采用公允价值模式的，公允价值的确定依据和方法，以及公允价值变动对损益的影响。

④房地产转换情况、理由，以及对损益或所有者权益的影响。

⑤当期处置的投资性房地产及其对损益的影响。

（6）固定资产。企业应当披露下列信息：

①固定资产的确认条件、分类、计量基础和折旧方法。

②各类固定资产的使用寿命、预计净残值和折旧率。

③各类固定资产的期初和期末原价、累计折旧额及固定资产减值准备累计金额。

④当期确认的折旧费用。

⑤对固定资产所有权的限制及金额和用于担保的固定资产账面价值。

⑥准备处置的固定资产名称、账面价值、公允价值、预计处置费用和预计处置时间等。

（7）无形资产。企业应当披露下列信息：

①无形资产的期初和期末账面余额、累计摊销额及减值准备累计金额。

②使用寿命有限的无形资产，其使用寿命的估计情况；使用寿命不确定的无形资产，其使用寿命不确定的判断依据。

③无形资产的摊销方法。

④用于担保的无形资产账面价值、当期摊销额等情况。

⑤计入当期损益和确认为无形资产的研究开发支出金额。

（8）职工薪酬。企业应当披露短期职工薪酬相关的下列信息：

应当支付给职工的工资、奖金、津贴和补贴，及其期末应付未付金额；

应当为职工缴纳的医疗保险费、工伤保险费和生育保险费等社会保险费，及其期末应付未付金额；

应当为职工缴存的住房公积金，及其期末应付未付金额；

为职工提供的非货币性福利，及其计算依据；

依据短期利润分享计划提供的职工薪酬金额及其计算依据；

其他短期薪酬。

员工离职后，企业应当披露所设立或参与的设定提存计划的性质、计算缴费金额的公式或依据，当期缴费金额以及应付未付金额。

企业应当披露与设定受益计划有关的下列信息：设定受益计划的特征及与之相关的风险；设定受益计划在财务报表中确认的金额及其变动；设定受益计划对企业未来现金流量金额、时间和不确定性的影响；设定受益计划义务现值所依赖的重大精算假设及有关敏感性分析的结果。

员工被辞退，企业应当披露支付的因解除劳动关系所提供辞退福利及其期末应付未付金额。

企业应当披露提供的其他长期职工福利的性质、金额及其计算依据。

（9）应交税费。企业应当披露应交税费的构成及期初、期末账面余额等信息。

（10）短期借款和长期借款。企业应当披露短期借款、长期借款的构成及期初、期末账面余额等信息。对于期末逾期借款，应分别针对贷款单位、借款金额、逾期时间、年利率、逾期未偿还原因和预期还款期等进行披露。

（11）应付债券。企业应当披露应付债券的构成及期初、期末账面余额等信息。

（12）长期应付款。企业应当披露长期应付款的构成及期初、期末账面余额等信息。

（13）营业收入。企业应当披露营业收入的构成及本期、上期发生额等信息。

（14）公允价值变动收益。企业应当披露公允价值变动收益的来源及本期、上期发生额等信息。

（15）投资收益。企业应当披露投资收益的来源及本期、上期发生额等信息。

（16）资产减值损失。企业应当披露各项资产的减值损失及本期、上期发生额等信息。

（17）营业外收入。企业应当披露营业外收入的构成及本期、上期发生额等信息。

（18）营业外支出。企业应当披露营业外支出的构成及本期、上期发生额等信息。

（19）所得税费用。企业应当披露下列信息：

①所得税费用（收益）的主要组成部分。

②所得税费用（收益）与会计利润关系的说明。

（20）其他综合收益。企业应当披露下列信息：

①其他综合收益各项目及其所得税影响。

②其他综合收益各项目原计入其他综合收益、当期转出计入当期损益的金额。

③其他综合收益各项目的期初和期末余额及其调节情况。

（21）政府补助。企业应当披露下列信息：

①政府补助的种类及金额。

②计入当期损益的政府补助金额。

③本期返还的政府补助金额及原因。

（22）借款费用。企业应当披露下列信息：

①当期资本化的借款费用金额。

②当期用于计算确定借款费用资本化金额的资本化率。

思考题

1. 财务报表的列报要求有哪些？

2. 资产负债表的结构是什么？

3. 编制现金流量表的方法有哪些？

4. 所有者权益变动表的结构是什么？

5. 所有者权益变动表项目的填列方法有哪些？

6. 附注的主要内容有哪些？

第五章 财务技能实训上

导论：

本章主要讲解的财务技能实训包括出纳报销岗、债权债务核算岗、存货核算岗、固定资产核算岗、工资核算岗及成本费用核算岗，各项岗位实训内容有概述、基本工作规范等。

学习目标：

1. 了解各岗位的基本工作规范。

2. 掌握各岗位的理论基础。

第一节 出纳报销、债权债务与存货核算岗实训

一、出纳报销岗

（一）岗位职能和基本工作规范

出纳，顾名思义，出即支出，纳即收入。出纳工作是管理货币资金、票据、有价证券进出的一项工作。具体地讲，出纳是按照有关规定和制度，办理本单位的现金收付、银行结算及有关账务，保管库存现金、有价证券、财务印章及有关票据等工作的总称。

1. 出纳岗位的职能

出纳岗位，在会计核算过程中起着重要的作用，从总的方面来讲，其职能可概括为收付、反映、监督、管理四个方面。

（1）收付职能

企业经营活动少不了货物价款的收付和往来款项的收付，也少不了各种有价证券以及金融业务往来的办理。出纳在这个过程中，要履行其最基本的职能，即收付职能。

（2）反映职能

出纳要利用统一的货币计量单位，通过其特有的现金与银行存款日记账、有

价证券的各种明细分类账，对本单位的货币资金和有价证券进行详细的记录与核算，以便为经济管理和投资决策提供所需的完整、系统的经济信息。

（3）监督职能

出纳要对企业的各种经济业务，特别是货币资金收付业务的合法性、合理性和有效性进行全过程的监督。

（4）管理职能

出纳还有一个重要的职能是管理职能。即对货币资金与有价证券进行保管，对银行存款和各种票据进行管理。

2. 出纳岗位基本工作规范

出纳工作是统一管理企业全部资金收付、执行财经纪律和财务制度的第一线工作，为了正确使用和保证资金周转，不断提高企业资金利用率，出纳工作者需要执行以下工作规范：

（1）根据有关制度，及时认真地做好各类费用的现金收付、转账结算工作。

（2）在办理各项收付工作时，认真审查原始凭证的合法性、合理性、完整性、正确性。

（3）根据每日发生的收付凭证，及时登记现金、银行存款日记账，做到日清月结。

（4）库存现金不得超过国家规定的开户银行给各单位核定限额，不得以白条抵库，也不得保留账外公款。

（5）认真保管好各项重要单据凭证，严守各项数字机密。

（二）岗位理论基础

1. 出纳岗的工作内容

出纳的日常工作主要包括货币资金核算、往来结算、工资核算等三个方面的内容。

（1）货币资金核算

日常工作内容有：

①办理现金收付，审核审批票据。根据稽核人员审核签章的收付款凭证，进行复核，办理款项收付。收付款后，要在收付款凭证上签章，并加盖"收讫""付讫"戳记。

②办理银行结算，规范使用支票。严格控制签发空白支票。对于填写错误的支票，必须加盖"作废"戳记，与存根一并保存。支票遗失时要立即向银行办理

挂失手续。不准将银行账户出租、出借给任何单位或个人办理结算。

③认真登记日记账，保证日清月结，月末要编制银行存款余额调节表，使账面余额与对账单上的余额调节相符。

④保管库存现金，保管有价证券。

⑤保管有关印章，登记注销支票。

⑥复核收入凭证，办理销售结算。

（2）往来结算

日常工作内容包括：

①办理往来结算，建立清算制度。办理其他往来款项的结算业务。

②核算其他往来款项，防止坏账损失。对购销业务以外的各项往来款项，要按照单位和个人分户设置明细账，根据审核后的记账凭证逐笔登记，并经常核对余额。

（3）工资核算

日常工作内容包括：

①执行工资计划，监督工资使用。

②审核工资单据，发放工资奖金。

③负责工资核算，提供工资数据。按照工资总额的组成和支付工资的来源，进行明细核算。根据管理部门的要求，编制有关工资总额报表。

2. 发票鉴别的方法

审查发票是会计监督的经常性工作。具体方法介绍如下：

（1）审查发票的有效性。不同时期有不同的发票版式，发票实行不定期换版制度，如果发现逾期使用旧版发票报销，应查清情况，判断是否存在问题。

（2）审查发票的笔迹。看发票台照、日期、品名、数量、单价、大小写金额的字迹、笔体、笔画的粗细、压痕是否一致。有无用药剂褪色、橡皮擦、小刀刮等涂改痕迹。

（3）审查发票的复写情况。看复写的字迹颜色是否相同。发票的正面和背面都应仔细看一看，本应一式多份复写的是否符合复写的实际情况。背面有无局部复写的痕迹。发票的第二联如果不是复写的而是用钢笔或圆珠笔填写的，就说明存在问题。

（4）审查发票的填写字迹是否位移。税务机关指定的企业在印制装订发票时，各联次的纵横行列都是对齐的，有固定位置。如果发票各联填写的字迹有不正常的位移，就可能存在问题。

（5）审查发票的填写内容。看发票报销联的台照、时间、数量、单价、金额是否填写齐全。

（6）审查物品名称是否为用票单位的经销范围。

（7）审查用票单位同发货单位、收款单位的名称是否相符。

（8）审查发票台照写的购货单位同实际收货单位、付款单位的名称是否相符。

（9）审查发票号码。看同一个单位的发票，是否多次在某单位报销，而其发票号码顺序相连，时间却颠倒。

二、债权债务结算岗

（一）岗位职能和基本工作规范

债权债务结算岗主要负责应收及暂付款中的应收账款、应收票据、预付账款等和负债中的应付账款、应付票据、预收账款、应付利息等账户的登记和管理工作，因此在实际工作中又称往来账会计。

1. 债权债务结算岗位的职能

债权债务结算岗位在单位会计管理体制中的地位越来越重要。一个单位的发展壮大，要与外单位之间发生经济往来，经济越发展，单位的规模越大，这种经济往来就越频繁。作为债权债务结算岗会计其职能概括为反映、核算、监督和管理四个方面。

（1）反映职能

按照《会计基础工作规范》和会计准则的要求，结合本单位的实际情况，合理设置会计账簿，及时、完整、正确地登记债权债务明细账，反映往来账中的债权债务情况。同时把应收账款、应收票据、预付账款、应付账款、应付票据、预收账款、应付利息等账户的金额情况和账龄情况及时地上报有关领导，为决策者制定科学的信用政策提供经济信息。

（2）核算职能

债权债务结算会计的核算职能是对往来的债权债务账户进行正确的登记、记录和核算，对应收票据利息的计算，贴现期限和贴现额的计算及应收票据到期面值的计算，对应收账款入账价值的确定及选择合理计提坏账准备的方法，如：余额百分比法、账龄分析法、销货百分比法等，报批后计算提取坏账准备。

（3）监督职能

债权债务结算会计要对往来账中的经济业务进行监督，审查原始凭证的合法、合理及有效性以及经济业务的真实性，以保证单位资产的安全，防止舞弊现象的发生。

（4）管理职能

债权债务结算会计的管理职能包括对往来账户的管理；与客户及供应商之间的对账；催收各种应收及暂付款；按应付款项的期限长短，列出还款计划，清偿应付、暂收款项。

2.　债权债务结算岗位基本工作规范

债权债务结算会计在日常工作中要遵守以下工作规范：

（1）根据有关制度，及时认真做好各类往来款项的结算工作。

（2）在办理各项往来款项时，认真审核原始凭证的合法性、完整性和正确性。

（3）根据每日发生的往来款项的记账凭证，及时准确地登记各种债权债务明细账。

（4）认真保管好各项重要单据、凭证及相关资料。

（5）定期向有关部门和相关领导提供收支、债权、债务等信息。

（二）岗位理论基础

1.　债权债务结算岗的工作内容

债权债务结算会计的工作内容主要有基本业务的处理、会计核算方法的确定和债权债务结算账户的管理三个方面。

（1）基本业务的处理

①合理设置会计账簿。按《会计基础工作规范》及会计准则的要求，结合本单位的实际情况，合理设置会计账簿。往来业务少的单位可选用三栏式的活页账；往来单位多、业务量大的单位可选用多栏式活页账来建立债权债务结算的会计账簿。在登记多栏式往来账时，应用红笔登记冲账减少事项。

②认真审核原始凭证，编制债权债务结算类的记账凭证。对原始凭证主要审查其合法性、完整性、正确性。根据往来业务审核无误的原始凭证编制记账凭证，送交稽核会计稽核后登记债权债务结算账户。

③及时完整登记债权债务结算账户的总账和明细账。总账和明细账的登记要做到四个一致，即记账依据一致，方向一致，期间一致和金额一致。

（2）会计核算方法的确定

①应收票据的核算

带息商业汇票票据利息的计算：

$$应收票据利息＝应收票据票面原值×利率×期限$$

票据到期值的计算：不带息票据的到期值等于应收票据面值；带息票据的到期值等于面值加到期利息。

票据贴现的计算：

$$贴现息＝票据到期值×贴现率×贴现期$$

$$贴现所得＝票据到期值－贴现息$$

②应收账款的核算

应收账款应根据销售商品或提供劳务的实际发生额记账，其入账价值包括销售货物或提供劳务的价款、增值税以及代客户垫付的包装费、运杂费等。在销售中发生的折扣优惠主要有商业折扣和现金折扣等。

商业折扣只是在商品标价上给予折扣，销售时发票的价格是折扣后的价格，因此应收账款的入账金额按发票的价格确认。

现金折扣是鼓励债务人在规定的期限内付款而向债务人提供的债务扣除，债务人在不同的期限内付款可享受不同的比例折扣，一般用"折扣/付款期"表示。现金折扣使单位的应收账款的实收数额随着客户付款是否及时而发生变化。现金折扣有总价法和净价法两种会计处理方法，我国现在一般采用总价法。总价法是指应收账款和销售收入按未扣减现金折扣前的金额入账，当债务人在折扣期内支付货款时，销售方把给予债务人的现金折扣作为财务费用入账。

③正确估计坏账损失和坏账处理方法

正确估计坏账损失，计提坏账准备的方法有应收账款余额百分比法、账龄分析法和销货百分比法。坏账的处理方法有直接转销法和备抵法。

（3）债权债务结算账户的管理

债权债务结算账户的管理除合理设置债权债务结算账户，正确计算记录反映其情况外，主要是对债务人要定期对账，及时催收各种欠款，减少资金占用，对债权人要定期编报还款计划，维护单位的良好信誉，制定各种往来款项结算的内部控制制度，加强对债权债务结算账户的管理等。

2. 债权债务岗位包含的具体实务操作项目

应收项目实务操作包括：应收账款、预付账款、应收票据及其贴现、坏账及坏账损失、备用金、其他应收款。

应付项目实务操作包括：应付账款、预收账款、应付票据、短期借款、其他应付款、应交税费。

三、存货核算岗

(一) 岗位职能和基本工作规范

1. 存货会计岗位职能

存货是指企业在日常活动中持有以备出售的产成品或商品、处在生产过程中的在产品、在生产过程或提供劳务过程中耗用的材料和物料等。存货核算岗就是对单位的产成品或商品、在产品、原材料和周转材料在采购、储存和销售过程中进行核算、记录和管理的会计岗位。

存货是单位重要的财产物资,期末存货成本的高低对生产成本和利润有直接的影响。存货会计在会计核算中起着重要的作用,其职能有核算、反映、监督和管理四个方面。

(1) 核算职能

存货会计的核算职能主要是对存货取得计价的计算,发出存货计价的计算和期末存货计价的计算,以及特殊情况下存货估价的计算。

(2) 反映职能

存货会计的反映职能主要是对各种存货进行总账和明细账登记,随时掌握各种存货的收发存情况,提供发出存货的成本并根据存货的库存情况向有关部门提出采购计划。

(3) 监督职能

存货会计的监督职能主要是对存货业务单据的审核和对存货业务全过程的审查,对其合法性、合理性、有效性进行监督。

(4) 管理职能

存货会计的管理职能主要是对存货的采购计划、存货的购进、存货的发出、期末库存存货以及存货的盘点进行管理,以正确核算存货的成本,加强单位资产管理,避免存货不足或存货积压现象。

2. 存货会计基本工作规范

存货会计的岗位职责是做好存货业务原始凭证的审核和记账凭证的编制,登记存货的总账和明细账,存货的入库、发出,期末存货的计价、核算,存货的清查等工作。具体内容如下:

(1) 认真审核存货业务的原始凭证,编制存货业务的记账凭证。

(2) 合理设置存货账簿,及时正确登记存货的总账和明细账。

（3）会同有关部门拟定材料物资管理与核算实施办法。

（4）审查采购计划，控制采购成本，防止盲目采购。

（5）负责存货明细核算。对已验收入库尚未付款的材料，月终要估价入账。

（6）配合有关部门制定材料消耗定额，编制材料计划成本目录。

（7）参与库存盘点，处理清查账务。

（8）分析储备情况，防止呆滞积压。对于超过正常储备和长期呆滞积压的存货，要分析原因，提出处理意见和建议，督促有关部门处理。

（二）岗位理论基础

1. 存货会计岗位的日常工作内容

存货会计岗位的日常工作内容是存货的计价，包括：购入存货的计价、发出存货的计价等。存货的计价有实际成本法和计划成本法两种。

（1）实际成本法存货的计价

①购入存货的计价

购入存货应当按照成本进行初始计价。存货成本包括采购成本、加工成本和其他成本。

a. 存货的采购成本。存货的采购成本，包括购买价款、相关税费、运输费、装卸费保险费以及其他可归属于存货采购成本的费用。

b. 存货的加工成本。存货的加工成本是指在存货的加工过程中发生的追加费用，包括直接人工以及按照一定方法分配的制造费用。

c. 存货的其他成本。存货的其他成本是指除采购成本、加工成本以外的，使存货达到目前场所和状态所发生的其他支出。企业设计产品发生的设计费用通常应计入当期损益，但是为特定客户设计产品所发生的、可直接确定的设计费用应计入存货的成本。

②发出存货的计价

发出存货的计价方法主要有个别计价法、先进先出法和加权平均法等。

a. 个别计价法。个别计价法亦称个别认定法、具体辨认法、分批实际法。采用这一方法是假设存货具体项目的实物流转与成本流转相一致，按照各种存货逐一辨认各批发出存货和期末存货所属的购进批别或生产批别，分别按其购入或生产时所确定的单位成本计算各批发出存货和期末存货成本的方法。在这种方法下，是把每一种存货的实际成本作为计算发出存货成本和期末存货成本的基础。

b. 先进先出法。先进先出法假设先入库的材料先耗用，期末库存材料就是最近入库的材料，因此发出材料按先入库的材料的单位成本计算。采用先进先出法，其期末材料按照最接近的单位成本计算，比较接近目前的市场价格，因此资产负债表可以较为真实地反映财务状况；但是由于本期发出材料成本是按照较早购入材料的成本进行计算的，所以计入产品成本的直接材料费用因此可能被低估，等到这些产品销售出去就会使利润表的反映不够真实。

c. 加权平均法。加权平均法又称"综合加权平均法""全月一次加权平均法"。是指以本月全部收货数量加月初存货数量作为权数，去除本月全部收货成本加上月初存货成本，计算出存货的加权平均单位成本，从而确定存货的发出和库存成本。

存货单位成本＝（月初库存存货的实际成本＋本月各批进货的实际成本）÷
（月初库存存货的数量＋本月各批进货数量之和）

本月发出存货的成本＝本月发出存货的数量×存货单位成本

这种方法适用于前后进价相差幅度较大且月末定期计算和结转销售成本的商品。其优点是只在月末一次计算加权平均单价，比较简单，而且在市场价格上涨或下跌时所计算出来的单位成本平均化，对存货成本的分摊较为折中。

缺点是这种方法平时无法从账上提供发出和结存存货的单价及金额，不利于加强日常对存货的管理。

为解决这一问题，可以采用移动加权平均法的平均单位成本计算。其公式如下：

存货单位成本＝（原有库存存货实际成本＋本次进货实际成本）÷（原有库
存存货数量＋本次进货数量）

本次发出存货的成本＝本次发出存货的数量×本次发货前存货单位成本

本月月末库存存货成本＝月末库存存货数量×本月月末存货单位成本

（2）计划成本法存货的计价

①单位的采购部门和财会部门共同制定各种存货的计划成本目录，规定存货的分类、名称、规格、编号、计量单位和计划单位成本。

②平时收到存货时按计划成本计算存货的入库成本，同时设置"材料成本差异"科目，记录登记购入存货的实际成本和计划成本的差异。

③月末再将本月发出存货应负担的成本差异进行分摊，将发出存货的计划成本调整为实际成本。

2. 存货会计岗期末存货的核算内容

（1）盘点和检查存货

盘点前财务人员应将各项财务账册登记完毕。盘点期间已收到存货而未办妥入账手续的，应分开存放，并予以标示。盘点期间，除紧急情况外，暂停收发物品。盘点应精确计量，避免主观臆断，避免目测方式。盘点过程应按指定顺序进行，不得遗漏、重复。盘点完毕，盘点人员应根据"盘点统计表"汇总编制"盘存表"，一式两份，一份由保管部门自存，一份送财务中心，供核算盘点盈亏金额。

（2）处理存货盘盈、盘亏

有关人员应根据"盘存表"编制"盘点盈亏报告表"，填写差异缘由，说明情况，提出处理意见及对策，报主管部门审批。财务人员依据审批后的意见进行账项调整。存货在保管期间，由于各种原因发生毁损、变质、溢缺，保管人员应认真填制"毁损报告单"，上报审批。财务人员应根据审批意见，分不同情况进行账务处理。

（3）按照成本与可变现净值孰低进行存货期末计价

期末存货的计价也是计提存货跌价准备的基础，当存货存在下列情况之一时，应计提存货跌价准备：

①市价持续下跌，并且在可预见的未来无回升的希望。

②企业使用该项原材料生产的产品的成本大于产品的销售价格。

③企业因产品更新换代，原有库存原材料已不适应新产品的需要，而该原材料的市场价格又低于其账面成本。

④因企业所提供的商品或劳务过时，或消费者偏好改变而使市场的需求发生变化导致市场价格逐渐下跌。

⑤其他足以证明该项存货实质上已经发生减值的情形。

当存在以下一项或若干项情况时，应按存货账面余额全部转入当期损益：

第一，已霉烂变质的存货。

第二，已过期且无转让价值的存货。

第三，生产中已不再需要，并且已无转让价值的存货。

第四，其他足以证明已无使用价值和转让价值的存货。

《企业会计准则》规定，"资产负债表日，存货应当按照成本与可变现净值孰低计量。"企业持有存货的目的不同，其可变现净值确定的方法也不同。

直接用于出售的存货，有销售合同或劳务合同的，其可变现净值应当为合同价格，没合同约定的存货，其可变现净值应当以一般市场销售价格减去估计的销售费用和相关税费等后的金额确定。生产过程中耗用的原材料等存货，如果其生产的产成品没有发生减值现象，按其成本计量，若其生产的产成品的可变现净值低于其成本，该存货应按可变现净值计量。

成本与可变现净值比较的方法有单项比较法、分类比较法和总额比较法。

第二节　固定资产、工资与成本费用岗实训

一、固定资产核算岗

（一）岗位职能和基本工作规范

固定资产核算岗主要对企业固定资产的增加、计提折旧、处置等业务进行核算。具体包括：固定资产的购进和建造、固定资产的减少、固定资产折旧的计提、固定资产的维修保养、固定资产期末计价等的核算。

1. 固定资产核算岗位的职能

（1）负责固定资产的核算与管理

结合企业生产经营的实际和固定资产的配置情况，会同有关职能部门，建立健全固定资产、在建工程的管理与核算办法；并依照企业经营管理的要求，制订固定资产目录。

（2）负责建立健全固定资产卡片和各单位固定资产占用明细账，做到账、卡、物、资金四对口

设置固定资产登记簿，组织填写固定资产卡片，按固定资产类别、使用部门对每项固定资产进行明细核算。

（3）会同有关职能部门完善固定资产管理的基础工作

建立严格的固定资产明细核算凭证传递手续，加强固定资产增减的日常核算与监督。按有关规定根据与固定资产有关的经济利益的预期实现方式选择固定资产折旧方法，及时提取折旧；掌握固定资产折旧范围，做到不错、不重、不漏。

（4）会同有关部门定期组织固定资产清查盘点工作

汇总清查盘点结果，发现问题，查明原因，及时妥善处理；并按规定的报批程序，办理固定资产盘盈、盘亏的审批手续，经批准后办理转销的账务处理。

（5）经常了解主要固定资产的使用情况

运用有关核算资料分析固定资产的利用效果，改善固定资产的管理工作，提高其利用效率，向企业相关部门和人员提供有价值的会计信息或建议。

（6）负责固定资产清理的核算

对被清理的固定资产，要分别按有偿转让、报废、毁损等不同情况进行账务处理。

2. 固定资产核算岗位基础工作规范

（1）正确掌握并执行各项财经政策，遵守国家法律法规，秉公办事，牢记会

计人员职业道德。

（2）正确掌握固定资产划分标准，按规定的折旧方法计提固定资产折旧。

（3）建立健全固定资产总账、明细分类账、资产卡片，必须保证固定资产的账、卡、物、资金相符。

（4）及时办理固定资产的增加、减少等手续。

（5）每年年底或特定时日对固定资产进行盘点清查，发现盘盈、盘亏、毁损情况，按规定办理报批手续。

（6）资产使用到期，或因特殊原因需提前报废者，办理报废申请，并会同实物管理人员，清理移交报废设备资产，防止资产流失。

（二）岗位理论基础

1. 固定资产的确认标准

固定资产，是指同时具有下列两个特征的有形资产：

（1）为生产商品、提供劳务、出租或经营管理而持有的；

（2）使用寿命超过一个会计年度或一个经营周期。

固定资产同时满足下列条件的，才能予以确认：

第一，与该固定资产有关的经济利益很可能流入企业；

第二，该固定资产的成本能够可靠计量。

2. 固定资产的计价

（1）按历史成本计价

历史成本又称原始价值，简称原价，是指企业购建某项固定资产达到可使用状态前所发生的一切合理、必要的支出。

（2）按重置完全价值计价

重置完全价值又称现时重置成本，简称重置价值，是指在当时的生产技术条件下，重新购建同样的固定资产所需要的全部支出。当企业发生盘盈固定资产、接受固定资产投资和接受捐赠固定资产时，可采用该方法对固定资产进行计价，即确定固定资产原始价值。

（3）按折余价值计价

折余价值简称净值，是指固定资产原始价值减去已提折旧后的净值。

3. 固定资产取得的核算

（1）购入固定资产的账务处理

企业外购固定资产的成本包括买价、增值税、进口关税等相关税费，以及为使固定资产达到预定可使用状态前发生的可直接归属于该资产的其他支出。购入不需要安装的固定资产，按买价加上相关税费以及使固定资产达到预定可使用状态前的其他支出作为入账价值，借记"固定资产"账户，贷记"银行存款"等账户。购入需要安装的固定资产，应先计入"在建工程"账户，待安装完毕交付使用时再转入"固定资产"账户。

（2）自建固定资产的账务处理

企业自行建造的固定资产，按建造该项资产达到预定可使用状态前所发生的必要支出：包括工程物资成本、人工成本、应予以资本化的固定资产借款费用、缴纳的相关税金以及应分摊的其他间接费用等作为入账价值。

（3）投资者投入固定资产的账务处理

投资者投入的固定资产，按投资各方确认的价值，作为入账价值，借记"固定资产"账户，贷记"实收资本"等账户。

（4）融资租入固定资产的账务处理

企业融资租入的固定资产，应当在"固定资产"账户下单独设置明细账户进行核算。借记"固定资产——融资租入固定资产"账户，按租赁协议或者合同确定的设备价款，贷记"长期应付款——应付融资租赁款"账户，按支付的其他费用，贷记"银行存款"等账户。

（5）接受捐赠固定资产的账务处理

接受捐赠的固定资产，按确定的入账价值，借记"固定资产"账户，贷记"待转资产价值"账户。

（6）盘盈固定资产的账务处理

盘盈的固定资产，按其市价或同类，类似固定资产的市场价格，减去按该项资产的新旧程度估计的价值损耗后的余额，借记"固定资产"账户，贷记"营业外收入"账户。

（7）无偿调入固定资产的账务处理

按确定的成本，借记"固定资产"账户，贷记"资本公积"账户。

4．固定资产折旧的核算

固定资产折旧，是指在固定资产使用寿命内，按照确定的方法对应计折旧额进行的系统分摊。折旧方法包括：平均年限法、工作量法、年数总和法、双倍余额递减法等。固定资产的折旧方法一经确定，不得随意变更。

企业在实际工作中应按月提取折旧。企业基本生产车间使用的固定资产提取的折旧应计入"制造费用"账户，企业管理部门使用的固定资产提取的折旧应计入"管理费用"账户。

（1）平均年限法是按固定资产预计使用年限平均计提折旧的方法。计算公式如下：

$$年折旧额=\frac{1-预计净残值率}{预计使用年限}\times100\%$$

（2）工作量法是按固定资产完成的工作量计算折旧的一种方法。

单位工作量折旧额＝（固定资产原值－预计使用残值）÷总工作量该项固定资产月折旧额＝该固定资产当月实际完成的工作量×单位工作量折旧额

（3）年数总和法是将固定资产原值减残值后的净额乘以一个逐年递减的分数计算年折旧额，分子代表固定资产尚可使用的年数，分母代表固定资产使用年数的序数之和。如使用年限10年，则分母为：10＋9＋8＋7＋6＋5＋4＋3＋2＋1＝55，第一年分子为10，第二年分子为9，以此类推。

年折旧额＝（固定资产原值－预计年残值）×可使用年数－使用年数的序数之和

（4）双倍余额递减法是不考虑固定资产残值的情况下，根据每期固定资产账面净值和双倍直线法折旧率计算固定资产折旧的一种方法。

年折旧率＝2÷折旧年限×100％

月折旧额＝年折旧率×固定资产账面净值＋12

实行双倍余额递减法的固定资产，应当在其折旧年限到期前两年内，将固定资产净值扣除残值后的净额平均分摊。

5. 固定资产后续支出的核算

固定资产后续支出，是指固定资产在使用过程中发生的更新改造支出，修理费用等。固定资产后续支出分为资本化支出和费用化支出。

固定资产发生的资本化的后续支出，通过"在建工程"科目核算。待更新改造等工程完工并达到预定可使用状态时，再从"在建工程"转为"固定资产"，并按重新确定的使用寿命、预计净残值和折旧方法计提折旧。费用化的后续支出应于发生时确认为当期费用，直接计入当期损益。

6. 固定资产处置的核算

如果一项固定资产处于处置状态或者该固定资产预期通过使用或处置不能产生未来经济利益。满足这两个条件其中之一就可以终止确认。

（1）固定资产投资转出的账务处理

投资转出的固定资产，按转出固定资产的账面价值加上应支付的相关税费，借记"长期股权投资"账户，按投出固定资产已提折旧，借记"累计折旧"账户，按投出固定资产的账面原值，贷记"固定资产"账户，按应支付的相关税费，贷记"银行存款""应交税费"等账户。

（2）固定资产出售的账务处理

企业出售的固定资产，按出售固定资产的账面净值，借记"固定资产清理"账户，按已提折旧额，借记"累计折旧"账户，按固定资产原值，贷记"固定资产"账户。

（3）固定资产报废、毁损的账务处理

企业因报废、毁损等原因减少的固定资产，按减少的固定资产账面净值，借记"固定资产清理"账户，按已提折旧额，借记"累计折旧"账户，按固定资产原值，贷记"固定资产"账户。

固定资产的报废、毁损有的是正常的，有的属于非正常的。

（4）固定资产清查的核算

企业对固定资产应当定期进行盘点，至少每年实地盘点一次。盘盈的固定资产按照其市价或同类、类似固定资产的市场价格，减去按该项固定资产的新旧程度估计的价值损耗后的余额，计入当期营业外收入；盘亏的固定资产造成的损失，在减去过失人或者保险公司的赔偿款和残料价值之后，计入当期营业外支出。

二、工资核算岗

（一）岗位职能和基本工作规范

工资费用的核算过程是根据不同部门的工资结算单，编制工资结算汇总表，然后将不同部门所发生的工资费用分别计入相应的成本费用账户中去。其中，生产多种产品发生的共同生产工人的工资费用应在各种产品成本之间进行分配。

1．工资核算岗位职能

工资核算岗位是资金核算系统中一个很重要的方面，工资费用核算工作在整体的会计核算工作中也起着很重要的作用。其所要遵守的基本岗位职能主要有如下几个方面。

（1）监督工资基金的使用

根据国家有关工资管理政策和劳动工资管理办法，会同劳资部门制定和贯彻工资分配核算办法，制定工资计划，并根据工资管理部门审批的计划合理使用和监督工资基金。

（2）审核发放工资、奖金

根据按劳分配原则，参与制订工资发放标准，组织各部室准确、及时地计算、发放工资和奖金。

（3）办理代扣款项

审核有关工资的原始单据，办理代扣款项（包括计算个人所得税、住房公积金、养老保险、医疗保险、失业保险金、企业年金等）。

（4）负责工资的明细核算

做好工资台账和应付职工薪酬明细账的登记工作。

（5）负责工资分配的核算

根据工资的用途和发生地点，按照合理的标准，分配工资费用，正确计算产品成本。

（6）负责工资统发（代发）资料的传递和归档工作

按月装订工资核算资料，妥善保管，并定期如数归档。

2. 工资核算岗基本工作规范

（1）正确掌握并执行各项财务政策，遵守国家法律法规，秉公办事，牢记会计人员职业道德。

（2）按企业年度工资指标控制工资奖金的发放。

（3）整理工资奖金发放明细表，并整理装订归档。

（4）按月进行工资分配，计提工资附加费，并要做到计算准确无误。

（二）岗位理论基础

1. 工资核算岗的内容

工资核算是企业资金核算系统一个重要工作内容之一。日常工作内容主要有以下几点。

（1）执行工资计划，监督工资使用

根据批准的工资计划，会同劳动人事部门，严格按照规定掌握工资和奖金的支付，分析工资计划的执行情况。对于违反工资政策，滥发津贴、奖金的，要予以制止或向领导和有关部门报告。

（2）审核工资单据，发放工资奖金

根据实有职工人数、工资等级和工资标准，审核工资奖金计算表，办理代扣代缴款项，计算实发工资。

（3）负责工资核算，提供工资数据

按照工资总额的组成和支付工资的来源，进行明细核算。根据管理部门的要求，编制有关工资总额报表。

2．工资费用的归集与分配

（1）编制工资结算汇总表

财务部门应根据各车间、部门的工资计算单，汇总编制工资结算汇总表并加以分配，用以简化会计核算。

工资结算单一般按车间、部门分别编制，每月一张。工资结算单内按职工分别填列应付工资、代发款项、代扣款项和实发金额等。

（2）编制工资费用分配表

工资费用的分配，就是将职工的工资作为一种费用，按照它的用途分配计入各种产品成本及相关费用中。

工资费用的分配，通过编制工资费用分配表进行。工资结算凭证所列各车间、部门及其各种用途的应付工资额是分配工资费用的依据。

对工资费用按产品品种的分配采用的是生产工时比例分配法。

生产工时比例分配法：首先根据各种产品的产量和各种产品的工时消耗定额，计算出各种产品的工时定额耗用量。再根据应分配工资费用的合计和全部产品的定额工时总量计算分配率，然后，根据分配率和各种产品的定额工时耗用量计算出各种产品应负担工资费用。

产品定额工时耗用量＝某种产品的工时定额×该种产品的实际产量

分配率＝待分配的工资费用÷各种产品定额工时耗用量之和

某种产品应负担的工资费用＝某种产品的定额工时耗用量×分配率

3．福利费用及三险一金的计提

福利费用及三险一金的计算与提取是按照职工工资总额为基数进行。对于基本医疗、基本养老、失业、工伤等社会保险等国家规定了计提基础和计提比例的，按照国家规定的标准计提；对于职工福利等国家没有规定计提基础和计提比例的，企业应根据历史经验数据和实际情况合理预计。

三、成本费用岗

（一）岗位职能和基本工作规范

1．制定成本核算办法

严格遵守国家和公司的成本开支范围和费用开支标准，根据生产经营特点和管理需要设计成本计算方法和单据传递流程，制定成本核算办法。不断探讨运用科学的方法，在保证有效监控和满足核算的前提下，简化成本核算工作量。

2．编制成本计划

根据公司生产经营计划编制成本、费用、利润等计划，并将指标分解落实，确保计划实现。

3．进行成本核算

按照成本核算办法的规定，确定成本核算对象，正确归集、分配生产费用。

①核对各项原材料、物品、产成品、在产品入库领用事项及收付金额；审核各车间、仓库报送资料的真实性、完整性、准确性，进行实时监控；②编制材料领用转账凭证；③审核委托及受托外单位加工事项；④及时核付工资并进行分配核算，及时计提工会经费、职工教育经费等工资性费用；⑤根据权责发生制原则正确摊、提各项相关费用；⑥每月及时归集、分配各项费用，正确计算当月成本；⑦计算生产与销售成本及各项费用。

4．编制公司有关成本报表

按时编制产品成本、费用报表。

5．开展成本控制

对实际成本节约超支情况进行分析，同时对预算成本及时调整，对照成本计划找出成本升降原因，提出降低成本、费用的途径，加强成本管理。分析比较销售成本，做好成本日常控制。开展班组群众性核算，落实经济责任制，进行业绩考核。

6．协助有关部门定期对产成品进行盘库，核对产成品库存情况

建立实物负责制，督促实物归口管理部门（仓库、车间）定期盘点，做到账账相符、账实相符，履行监督职责。

(二) 岗位理论基础

1．成本的概念

(1) 成本

成本是指企业在生产、经营过程中发生的各项耗费。

(2) 成本对象

成本对象是指需要对成本进行单独测定的一项活动。成本对象可以是一件产品、一项服务、一项设计、一个客户、一种商标、一项作业或者一个部门等。

2．成本的分类

(1) 成本按经济性质分类

在实务中生产经营成本分为生产成本、销售费用和管理费用三大类。

①生产成本

生产成本包括 4 个成本项目：

一是直接材料，指直接用于产品生产、构成产品实体的原料及主要材料、外购半成品、有助于产品形成的辅助材料以及其他直接材料。

二是直接人工，指参加产品生产的工人工资以及按生产工人工资总额和规定的比例计算提取的职工福利费。

三是燃料和动力，指直接用于产品生产的外购和自制的燃料及动力费。

四是制造费用，指为生产产品和提供劳务所发生的各项间接费用。

为了使生产成本项目能够反映企业生产的特点，满足成本管理的要求，允许企业根据自己的特点和管理要求，对以上项目做适当的增减调整。如果直接用于产品生产的外购半成品成本比重较大，可以将"外购半成品"单独列为一个成本项目；外部加工费比较多的产品，可以将"外部加工费"单独列为一个成本项目；如果产品成本中燃料和动力费所占比重很小，也可以将其并入"制造费用"成本项目中。

②销售费用

包括营销成本、配送成本和客户服务成本。

③管理费用

包括研究与开发成本、设计成本和行政管理成本。

（2）根据成本核算工作的需要

根据成本核算工作的需要，产品成本分为直接成本和间接成本。

①直接成本

直接成本是直接计入各品种、类别、批次产品等成本对象的成本。一种成本是否属于直接成本，取决于它与成本对象是否存在直接关系，并且是否便于直接计入。例如大部分构成产品实体的原材料的成本、某产品专用生产线的工人工资等。对于只有一种产品的企业来说，所有产品成本都是直接成本。

②间接成本

间接成本是指与成本对象相关联的成本中不能用一种经济合理的方式追溯到成本对象的那一部分产品成本。例如，车间辅助工人的工资、厂房的折旧等大多属于间接成本。

3．产品成本计算的要求

为了正确计算产品成本，要分清以下费用界限：

（1）正确划分应计入产品成本和不应计入产品成本的费用界限

首先，非生产经营活动的耗费不能计入产品成本。只有生产经营活动的耗费支出才可能计入产品成本。筹资活动和投资活动不属于生产经营活动，它们的耗费不能计入产品成本，而属于筹资成本和投资成本。

其次，生产经营活动的成本分为正常的成本和非正常的成本，只有正常的生产经营活动成本才可能计入产品成本，非正常的经营活动成本不计入产品成本。非正常的经营活动成本包括灾害损失、盗窃损失等非常损失；滞纳金、违约金、罚款、损害赔偿等赔偿支出；短期投资跌价损失、坏账损失、存货跌价损失、长期投资减值损失，固定资产减值损失等不能预期的原因引起的资产减值损失；债务重组损失等。

再次，正常的生产经营活动成本又被分为产品成本和期间成本。正常的直接生产成本计入产品成本，其他正常的生产经营成本列为期间成本。

（2）正确划分各会计期成本的费用界限

应计入生产经营成本的费用，还应在各月之间进行划分，以便分月计算产品成本。应由本月产品负担的费用，应全部计入本月产品成本；不应由本月负担的生产经营费用，则不应计入本月的产品成本。

为了正确划分各会计期的费用界限，还要求贯彻权责发生制原则，正确核算待摊费用和预提费用。

（3）正确划分不同成本对象的费用界限

对于应计入本月产品成本的费用还应在各种产品之间进行划分：凡是能分清应由某种产品负担的直接成本，应直接计入该产品成本；各种产品共同发生、不易分清应由哪种产品负担的间接费用，则应采用合理的方法分配计入有关产品的成本，并要求分配方法保持一贯性。

（4）正确划分完工产品和在产品成本的界限

月末计算产品成本时，如果某产品已经全部完工，则计入该产品的全部生产成本之和，就是该产品的"完工产品成本"。如果这种产品全部尚未完工，则计入该产品的生产成本之和，就是该产品的"月末在产品成本"。如果某种产品既有完工产品又有在产品，已计入该产品的生产成本还应在完工产品和在产品之间分配，以便分别确定完工产品成本和在产品成本。

4．产品成本计算的基本步骤

（1）对所发生的成本进行审核，确定哪些成本是属于生产经营成本，同时将其区分为正常的生产经营成本和非正常的生产经营成本，并在此基础上将正常的生产经营成本区分为产品成本和期间成本。

（2）将应计入产品成本的各项成本，区分为应当计入本月的产品成本与应当由其他月份产品负担的成本，通过"待摊费用"和"预提费用"进行必要的调整。

（3）将本月应计入产品成本的生产成本，区分为直接成本和间接成本，将直接成本直接计入成本计算对象，将间接成本计入有关的成本中心。

（4）将各成本中心的本月成本，依据成本分配基础向下一个成本中心分配，直至最终的成本计算对象。

（5）将既有完工产品又有在产品的产品成本，在完工产品和期末在产品之间进行分配，并计算出完工产品总成本和单位成本。

（6）将完工产品成本结转至"产成品"账户。

5. 成本计算使用的主要科目

为了按照用途归集各项成本，划清有关成本的界限，正确计算产品成本，应设置"生产成本""制造费用"等科目。

（1）生产成本科目

"生产成本"科目核算企业进行生产活动所发生的各项产品成本。包括生产各种产成品、自制半成品、提供劳务、自制材料、自制工具以及自制设备等所发生的各项成本。

"生产成本"科目应设置"基本生产成本"和"辅助生产成本"两个二级科目。"基本生产成本"级科目核算企业为完成主要生产目的而进行的产品生产而发生的成本，计算基本生产的产品成本。"辅助生产成本"二级科目核算企业为基本生产服务而进行的产品生产和劳务供应而发生的直接成本，计算辅助生产的产品和劳务的成本。在这两个二级科目下，还应当按照成本计算对象开设明细账，账内按成本项目设专栏进行明细核算。

企业发生的直接材料和直接人工费用，直接记入本科目及"基本生产成本"和"辅助生产成本"两个二级科目及其所属明细账的借方；发生的其他间接成本先在"制造费用"科目归集，月终分配记入本科目及所属二级科目和明细账的借方；属于企业辅助生产车间为基本生产车间生产产品提供的动力等直接成本，先在本科目所属二级科目"辅助生产成本"中核算后，再分配转入本科目所属二级科目"基本生产成本"及其所属明细账的借方。企业已经生产完成并已验收入库的产成品以及自制半成品的实际成本，记入本科目及所属二级科目"基本生产成本"及其所属明细账的贷方；辅助生产车间为基本生产车间、企业管理部门和其他部门提供的劳务和产品，月终应按照一定的分配标准分配给各受益对象，按实际成本记入本科目及"辅助生产成本"二级科目及其所属明细账的贷方。本科目的借方期末余额反映尚未完成的各项在产品的成本。

（2）制造费用科目

"制造费用"科目核算企业为生产产品和提供劳务而发生的各项间接费用。

该科目应按不同的车间、部门设置明细账，账内按制造费用的内容设专栏，进行明细核算。发生的各项间接费用记入本科目及所属明细账的借方；月终将制造费用分配到有关的成本计算对象时，记入本科目及所属明细账的贷方。本科目月末一般应无余额。

6. 成本的归集和分配

成本计算的过程，实际上也是各项成本的归集和分配过程。

成本的归集，是指通过一定的会计制度以有序的方式进行成本数据的收集或汇总。

成本的分配，是指将归集的间接成本分配给成本对象的过程，也叫间接成本的分摊或分派。成本分配要使用某种参数作为成本分配基础。成本分配基础是指能联系成本对象和成本的参数。可供选择的分配参数有许多：人工工时、机器台时、占用面积、直接人工工资、订货次数、采购价值、直接材料成本、直接材料数量等。

(1) 材料费用的归集和分配

在企业的生产活动中，要大量消耗各种材料，用于构成产品实体的原料及主要材料和有助于产品形成的辅助材料，列入"直接材料"项目；用于生产的燃料列入"燃料和动力"项目；用于维护生产设备和管理生产的各种材料列入"制造费用"项目。不应计入产品成本而属于期间费用的材料费用则应列入"管理费用""营业费用"科目。用于购置和建造固定资产、其他资产方面的材料费用，则不得列入产品成本，也不得列入期间费用。

有时一批材料为几批产品共同耗用，属于间接费用，要采用简便的分配方法，分配计入各种产品成本。在消耗定额比较准确的情况下，通常采用材料定额消耗量比例或材料定额成本的比例进行分配，计算公式如下：

材料费用分配率＝共同耗用的材料费用÷各种产品材料定额消耗量之和

材料定额消耗量＝产品产量×材料单位消耗定额

辅助材料费用计入产品成本的方法，与原材料及主要材料基本相同。凡用于产品生产、能够直接计入产品成本的辅助材料，如专用包装材料等，其费用应根据领料凭证直接计入。但在很多情况下，辅助材料是由几种产品共同耗用的，这就要求采用间接分配的方法。

上述耗用的基本生产产品的材料费用，应记入"生产成本"科目及所属明细账的借方，在明细账中还要按"直接材料""燃料和动力"项目分别反映。此外，用于辅助生产的材料费用、用于生产车间和行政管理部门为管理和组织生产所发生的材料费用，应分别记入"生产成本——辅助生产成本""制造费用""管理费用"等科目及其明细账的借方。至于用于非生产用的材料费用，则应记入其他有关科目。

（2）人工费用的归集和分配

人工费用包括工资和福利费用。分配工资和福利费用，也要划清计入产品成本与期间费用和不计入产品成本与期间费用的工资和福利费用的界限。其中应计入产品成本的工资和福利费用还应该按成本项目归集：凡属生产车间直接从事产品生产人员的工资费用，列入产品成本的"直接人工费"项目；企业各生产车间为组织和管理生产所发生的管理人员的工资和计提的福利费，列入产品成本的"制造费用"项目；企业行政管理人员的工资和计提的福利费，作为期间费用列入"管理费用"科目。

①直接从事产品生产人员的工资费用计入产品成本的方法

在计件工资制下，生产工人工资通常是根据产量凭证计算工资并直接计入产品成本；在计时工资制下，如果只生产一种产品，生产人员工资属于直接费用，可直接计入该种产品成本；如果生产多种产品，这就要求采用一定的分配方法在各种产品之间进行分配。工资费用的分配，通常采用按产品实用工时比例分配的方法。其计算公式如下：

分配率＝生产工人工资总额÷各种产品的实用工时总额

某种产品应分配的工资费用＝该种产品实用工时×分配率

②工资费用分配表的编制

为了按工资的用途和发生地点归集并分配工资及福利费用，月末应分生产部门根据工资结算单和有关的生产工时记录编制"工资费用分配表"，然后汇编"工资及福利费用分配汇总表"。

（3）外购动力费的归集和分配

动力费应按用途和使用部门分配，也可以按仪表记录、生产工时、定额消耗量比例进行分配。直接用于产品生产的动力费用，列入"燃料和动力费用"成本项目，记入"生产成本"科目及其明细账；属于照明、取暖等用途的动力费用，则按其使用部门分别记入"制造费用""管理费用"等科目。

（4）制造费用的归集和分配

制造费用是指企业各生产单位为组织和管理生产而发生的各项间接费用。它包括工资和福利费、折旧费、修理费、办公费、水电费、机物料消耗、劳动保护费、租赁费、保险费、排污费、存货盘亏费（减盘盈）及其他制造费用。

企业发生的各项制造费用，是按其用途和发生地点，通过"制造费用"科目进行归集和分配的。根据管理的需要，"制造费用"科目可以按生产车间开设明细账，账内按照费用项目开设专栏，进行明细核算。费用发生时，根据支出凭证借记"制造费用"科目及其所属有关明细账，但材料、工资、折旧以及待摊和预提费用等，要在月末时，根据汇总编制的各种费用分配表计入。材料、产品等存货的盘盈、盘亏数，则应根据盘点报告表登记。归集在"制造费用"科目借方的各项费用，月末时应全部分配转入"生产成本"科目，计入产品成本。"制造费用"科目一般月末没有余额。

在生产一种产品的车间中，制造费用可直接计入其产品成本。在生产多种产品的车间中，就要采用既合理又简便的分配方法，将制造费用分配计入各种产品成本。

制造费用分配计入产品成本的方法，常用的有按生产工时、定额工时、机器工时、直接人工费等比例分配的方法。

制造费用分配率＝制造费用总额÷各种产品的实用工时总额

某产品应负担的制造费用＝该种产品实用工时数×分配率

在会计分录如下：

借：生产成本

　　贷：制造费用

制造费用的大部分支出，属于产品生产的间接费用，因而不能按照产品制订定额，而只能按照车间、部门和费用项目编制制造费用计划加以控制。通过制造费用的归集，反映和监督各项费用计划的执行情况，并将其正确及时地计入产品成本。

7．辅助生产费用的归集和分配

（1）辅助生产费用的归集

企业的辅助生产主要是为基本生产服务的。

辅助生产费用的归集和分配，是通过"生产成本——辅助生产成本"科目进行的。该科目应按车间和产品品种设置明细账，进行明细核算，辅助生产发生的直接材料、直接人工费用，分别根据"材料费用分配表""工资及福利费用分配汇总表"和有关凭证，记入该科目及其明细账的借方；辅助生产发生的间接费用，应先记入"制造费用"科目的借方进行归集，然后再从该科目的贷方直接转入或分配转入"生产成本——辅助生产成本"科目及其明细账的借方。辅助生产车间完工的产品或劳务成本，应从"生产成本——辅助生产成本"科目及其明细账的贷方转出。"生产成本——辅助生产成本"科目的借方余额表示辅助生产的产品成本。

（2）辅助生产费用的分配

归集在"生产成本——辅助生产成本"科目及其明细账借方的辅助生产费用，由于所生产的产品和提供的劳务不同，其所发生的费用分配转出的程序方法也不一样。制造工具、模型、备件等产品所发生的费用，应计入完工工具、模型、备件等产品的成本。完工时，作为自制工具或材料入库，从"生产成本——辅助生产成本"科目及其明细账的贷方转入"低值易耗品"或"原材料"科目的借方；领用时，按其用途和使用部门，一次或分期摊入成本。提供水、电、气和运输、修理等劳务所发生的辅助生产费用，一般按受益单位耗用的劳务数量在各单位之间进行分配，分配时，借记"制造费用"或"管理费用"等科目，贷记"生产成本——辅助生产成本"科目及其明细账。在结算辅助生产明细账之前，还应将各辅助车间的制造费用分配转入各辅助生产明细账，归集辅助生产成本。

辅助生产费用的分配通常采用直接分配法、交互分配法和按计划成本分配法等。这里仅就直接分配法进行说明。

采用直接分配法，不考虑辅助生产内部相互提供的劳务量，即不经过辅助生产费用的交互分配，直接将各辅助生产车间发生的费用分配给辅助生产以外的各个受益单位或产品。分配计算公式如下：

辅助生产单位成本＝辅助生产费用总额÷对外提供的产品或劳务总量（不包括对辅助生产各车间提供的产品或劳务量）

各受益车间或产品应分配的辅助生产费用＝辅助生产单位成本×该车间或产品的耗用量

通过以上各种费用的分配和归集，应计入本月产品成本的各种产品的费用都已记入"生产成本——基本生产成本"科目的借方，并已在各种产品之间划分清楚，而且按成本项目分别登记在各自的产品成本计算单（基本生产成本明细账）中了。

8. 完工产品和在产品的成本分配

计算出本月产成品成本，要将本月发生的生产费用，加上月初在产品成本，然后再将其在本月完工产品和月末在产品之间进行分配，以求得本月产成品成本。

本月发生的生产费用和月初、月末在产品及本月完工产成品成本四项费用的关系可用下列公式表达：

月初在产品成本＋本月发生生产费用＝本月完工产品成本＋月末在产品成本

或：

月初在产品成本＋本月发生生产费用－月末在产品成本＝本月完工产品成本

由于公式中前两项是已知数，所以，在完工产品与月末在产品之间分配费用的方法有两类：一是将前两项之和按一定比例在后两项之间进行分配，从而求得完工产品与月末在产品的成本；二是先确定月末在产品成本，再计算求得完工产品的成本。但无论采用哪一类方法，都必须取得在产品数量的核算资料。

生产成本在完工产品与在产品之间的分配，企业应当根据在产品数量的多少、各月在产品数量变化的大小、各项费用比重的大小以及定额管理基础的好坏等具体条件，选择既合理又简便的分配方法。常用的方法有以下六种。

（1）不计算在产品成本（即在产品成本为零）

这种方法适用于月末在产品数量很小的情况。算不算在产品成本对完工产品成本影响不大，为了简化核算工作，可以不计算在产品成本，即在产品成本是零。本月发生的产品生产费用就是完工产品的成本。

（2）在产品成本按年初数固定计算

这种方法适用于月末在产品数量很小，或者在产品数量虽大但各月之间在产品数量变动不大，月初、月末在产品成本的差额对完工产品成本影响不大的情况。为简化核算工作，各月在产品成本可以固定按年初数计算。采用这种方法，某种产品本月发生的生产费用就是本月完工产品的成本。年终时，根据实地盘点的在产品数量，重新调整计算在产品成本，以避免在产品成本与实际出入过大，影响成本计算的正确性。

（3）在产品成本按其所耗用的原材料费用计算

这种方法是在产品成本按所耗用的原材料费用计算，其他费用全部由完工产品成本负担。这种方法适合于在原材料费用在产品成本中所占比重较大，而且原材料是在生产开始时一次就全部投入的情况下使用。为了简化核算工作，月末在产品可以只计算原材料费用，其他费用全部由完工产品负担。

（4）约当产量法

所谓约当产量，是指在产品按其完工程度折合成完工产品的产量。比如，在产品 10 件，平均完工率 40%，则约当于完工产品 4 件。按约当产量比例分配的方法，就是将月末结存的在产品，按其完工程度折合成约当产量，然后再将产品应负担的全部生产费用，按完工产品产量和在产品约当产量的比例进行分配的一种方法。

这种方法的计算公式如下：

$$在产品约当产量＝在产品数量×完工程度$$

单位成本＝（月初在产品成本＋本月生产费用）÷（产成品产量＋月末在产品约当产量）

产成品成本＝单位成本×产成品产量

月末在产品成本＝单位成本×月末在产品约当产量

（5）在产品成本按定额成本计算

这种方法是事先经过调查研究、技术测定或按定额资料，对各个加工阶段上的在产品，直接确定一个定额单位成本，月终根据在产品数量，分别乘各项定额单位成本，即可计算出月末在产品的定额成本。将月初在产品成本加上本月发生费用，减去月末在产品的定额成本，就可算出产成品的总成本了。产成品总成本除以产成品产量，即为产成品单位成本。这种方法的计算公式如下：

月末在产品成本＝月末在产品数量×在产品定额单位成本

产成品总成本＝（月初在产品成本＋本月发生费用）－月末在产品成本

产成品单位成本＝产成品总成本/产成品产量

（6）按定额比例分配完工产品和月末在产品成本的方法（定额比例法）

如果各月末在产品数量变动较大，但制定了比较准确的消耗定额，生产费用可以在完工产品和月末在产品之间用定额消耗量或定额费用作比例分配。通常材料费用按定额消耗量比例分配，而其他费用按定额工时比例分配。

计算公式如下（以按定额成本比例分配为例）：

材料费用分配率＝（月初在产品实际材料成本＋本月投入的实际材料成本）/（完工产品定额材料成本＋月末在产品定额材料成本）

完工产品应分配的材料成本＝完工产品定额材料成本×材料费用分配率

月末在产品应分配的材料成本＝月末在产品定额材料成本×材料费用分配率

完工产品应分配的工资（费用）＝完工产品定额工时×工资（费用）分配率

月末在产品应分配的工资费用＝月末在产品定额工时×工资（费用）分配率

企业的完工产品包括产成品、自制材料及自制工具、模型等低值易耗品，以及为在建工程生产的专用设备和提供的修理劳务等。本月完工产品的成本应从"生产成本"科目的贷方转入有关科目：其中完工入库的产成品的成本，转入"产成品"科目的借方；完工自制材料、工具、模型等的成本，转入"原材料"等科目的借方；为企业在建工程提供的劳务费用，月末不论是否完工，都应将其实际成本转入"在建工程"科目的借方。"生产成本——基本生产成本"科目月末余额，就是基本生产车间在产品的成本。

9. 产品成本计算的方法

生产成本归集分配完毕后,应按成本计算对象编制成本计算单,并选择一定的成本计算方法,计算各种产品的总成本和单位成本。企业可以根据生产经营特点、生产经营组织类型和成本管理要求,具体确定成本计算方法。成本计算的基本方法有品种法、分批法和分步法三种。在此重点介绍品种法。

产品成本计算的品种法,是指以产品品种为成本计算对象,计算成本的一种方法。它适用于大量大批的单步骤生产的企业。在这种类型的生产中,产品的生产技术过程不能从技术上划分为步骤(如企业或车间的规模较小,或者车间是封闭式的,也就是从原材料投入产品产出的全部生产过程都是在一个车间内进行的),或者生产是按流水线组织的,管理上不要求按照生产步骤计算产品成本,都可以按品种法计算产品成本。

(1) 品种法的基本特点

①成本计算对象是产品品种。如果企业只生产一种产品,全部生产费用都是直接费用,可直接记入该产品成本明细账的有关成本项目中,不存在在各成本计算对象之间分配费用的问题。如果是生产多种产品,间接费用则要采用适当的方法,在各成本计算对象之间进行分配。

②品种法下一般定期(每月月末)计算产品成本。

③如果企业月末有在产品,要将生产费用在完工产品和在产品之间进行分配。

(2) 品种法的核算程序

采用品种法计算产品成本时,可按以下几个步骤进行。

①开设成本明细账

即按产品品种开设产品成本明细账或成本计算单,并按成本项目设置专栏。同时,还应开设辅助生产成本明细账(按生产车间或品种)和制造费用明细账(按生产车间),账内按成本项目或费用项目设置专栏。

②分配各种要素费用

即根据各项费用的原始凭证和其他有关资料,登记各项货币支出,编制各种费用分配表,分配各种要素费用。根据要素费用分配的结果,登记各种明细账。

其一,根据货币资金支出业务,按用途分类汇总各种付款凭证,登记各项费用。

其二,根据领用材料的凭证和退料凭证及有关分配标准,编制材料费用分配表,分配材料费用,并登记有关明细账。

其三,根据各车间、部门工资结算凭证及应付福利费的计提办法,编制工资及福利费用分配表,分配工资及福利费用,并登记有关明细账。

其四,根据各车间、部门计提固定资产折旧的方法,编制折旧费用分配表,分配折旧费用,并登记有关明细账。

③分配辅助生产费用

即根据上述各种费用分配表和其他有关资料登记的"辅助生产成本明细账"上归集的辅助生产费用,采用适当的分配方法,编制辅助生产费用分配表,分配辅助生产费用。

④分配基本车间制造费用

即根据上述各种费用分配表和其他有关资料登记的基本生产车间"制造费用明细账"上归集的生产费用,采用一定的方法在各种产品之间进行分配,编制制造费用分配表,并将分配结果登记在"基本生产成本明细账"或"产品成本计算单"上。

⑤分配计算各种完工产品成本和在产品成本

即根据上述各种费用分配表和其他有关资料登记的"基本生产成本明细账"或"成本计算单"上归集的基本生产费用,月末,应采用适当的方法分配计算各种完工产品成本和在产品成本。

⑥结转产成品成本

即根据各成本计算单中计算出来的本月完工产品成本,汇总编制"完工产品成本汇总表",计算出完工产品总成本和单位成本,并进行结转。

10. 费用

(1) 费用的确认

费用是指企业在日常活动中发生的、会导致所有者权益减少的、与向所有者分配利润无关的经济利益的总流出。这里所指的费用主要是指期间费用。

(2) 期间费用

期间费用是企业当期发生的费用中的重要组成部分,是指本期发生的、不能直接或间接归入某种产品成本的、直接计入损益的各项费用,包括管理费、销售费用和财务费用。

①管理费用

管理费用是指企业为组织和管理企业生产经营所发生的管理费用,包括企业在筹建期间内发生的开办费、董事会和行政管理部门在企业的经营管理中发生的或者应由企业统一负担的公司经费、工会经费、董事会费(包括董事会成员津贴、会议费和差旅费等）、聘请中介机构费、咨询费、诉讼费、业务招待费、房产税、车船使用税、土地使用税、印花税、技术转让费、矿产资源补偿费、研究费用、排污费用以及企业生产车间和行政管理部门等发生的固定资产修理费用等。

②销售费用

销售费用是指企业在销售商品和材料，提供劳务的过程中发生的各种费用，包括企业在销售商品过程中发生的保险费、包装费、展览费和广告费、商品维修费、预计产品质量保证损失、运输费、装卸费等（保险、运输、装卸，对比存货成本，这里是销售方负担，所以计入销售费用，如果为购买方负担，则为购买方的存货成本，不要混淆）以及为销售本企业商品而专设的销售机构的职工薪酬、业务费、折旧费、固定资产修理费用等费用。（专设机构的固定资产折旧及修理费用，计入销售费用）

③财务费用

财务费用是指企业为筹集生产经营所需资金等而发生的筹资费用，包括利息支出日（减利息收入）、汇兑损益以及相关的手续费、企业发生的现金折扣或收到的现金折扣等。

思考题

1. 出纳岗位的职能是什么？

2. 债权债务结算岗的基本业务的处理是什么？

3. 固定资产核算岗的内容有哪些？

第六章　财务技能实训下

导读：

本章主要讲解的财务技能实训包括收入利润核算岗、税务核算岗、会计稽查岗及总账报表岗，各项岗位实训内容有概述、基本工作规范等。

学习目标：

1. 了解各岗位的基本工作规范。

2. 掌握各岗位的理论基础。

第一节　收入利润与税务核算岗实训

一、收入利润核算岗

（一）岗位职能和基本工作规范

1. 岗位职能

（1）负责销售核算，核实销售往来。根据销货发票等有关凭证，正确计算销售收入以及劳务等其他各项收入，按照国家有关规定计算税金。经常核对库存商品的账面余额和实际库存数，核对销货往来明细账，做到账实相符，账账相符。

（2）计算与分析利润计划的完成情况，督促实现利润目标。

（3）建立投资台账，按期计算收益。

（4）结转收入、成本与费用，严格审查营业外支出，正确核算利润。对公司所得税有影响的项目，应注意调整应纳税所得额。

（5）按规定计算利润和利润分配，计算应交所得税。

（6）结账时的调整业务处理。

（7）编制利润报表，分析盈亏原因。

2. 基本工作规范

（1）正确开具销售发票，正确使用增值税专用发票机。

（2）购买及保管发票，完备登记制度。购买增值税及普通发票，月末编制发票领用存报表。保管好空白发票及已开发票存根的装订。

（3）提供税务会计所需报表，打印销项及进项发票清单，正确填写相关报表。

（4）期末对账和不定期的对账。

（5）提供应收账款月度报表和季度分析。月度提供应收账款月度报表，季度提供应收账款季度分析。

（6）发票记账联及发货单装订完后交于档案会计编册保管。

（二）岗位理论基础

1. 收入的定义

收入是指企业在日常活动中形成的、会导致所有者权益增加的、与所有者投入资本无关的经济利益的总流入。其中，日常活动是指企业为完成其经营目标所从事的经常性活动以及与之相关的其他活动。

2. 销售商品收入

（1）销售商品收入的确认和计量

销售商品收入同时满足下列条件的，才能予以确认：

①企业已将商品所有权上的主要风险和报酬转移给购货方。

通常情况下，转移商品所有权凭证并交付实物后，商品所有权上的所有风险和报酬随之转移，如大多数零售商品。

某些情况下，转移商品所有权凭证但未交付实物，商品所有权上的主要风险和报酬随之转移，企业只保留商品所有权上的次要风险和报酬，如交款未提货方式销售商品。在这种情形下应当视同商品所有权上的所有风险和报酬已经转移给购货方。

某些情况下，转移商品所有权凭证或交付实物后商品所有权上的主要风险和报酬并未随之转移。

企业销售的商品在质量、品种、规格等方面不符合合同或协议要求，又未根据正常的保证条款予以弥补，因而仍负有责任。

企业销售商品的收入是否能够取得，取决于购买方是否已将商品销售出去。如采用支付手续费方式委托代销商品等。

企业尚未完成售出商品的安装或检验工作，且安装或检验工作是销售合同或协议的重要组成部分。如需要安装或检验的销售等。

销售合同或协议中规定了买方由于特定原因有权退货的条款，且企业又不能确定退货的可能性。

②企业既没有保留通常与所有权相联系的继续管理权，也没有对已售出的商品实施有效控制。

③收入的金额能够可靠地计量。

④相关的经济利益很可能流入企业。

相关的经济利益很可能流入企业，是指销售商品价款收回的可能性大于不能收回的可能性，即销售商品价款收回的可能性超过50％。

企业销售的商品符合合同或协议要求，已将发票账单交付买方，买方承诺付款，通常表明满足本确认条件（相关的经济利益很可能流入企业）。

⑤相关的已发生或将发生的成本能够可靠地计量。

（2）收入的金额的计量

企业销售商品满足收入确认条件时，应当按照已收或应收合同或协议价款的公允价值确定销售商品收入。从购货方已收或应收的合同或协议价款，通常为公允价值。已收或应收的价款不公允的，企业应按公允的交易价格确定收入金额。

（3）销售商品收入的会计处理

①通常情况下销售商品收入的处理

确认销售商品收入时，企业应按已收或应收的合同或协议价款，加上应收取的增值税额，借记"银行存款""应收账款""应收票据"等科目，按确定的收入金额，贷记"主营业务收入""其他业务收入"等科目，按应收取的增值税额，贷记"应交税费——应交增值税（销项税额）"科目；同时或在资产负债表日，按应交纳的消费税、资源税、城市维护建设税、教育费附加等税费金额，借记"营业税金及附加"科目，贷记"应交税费——应交消费税（或应交资源税、应交城市维护建设税等）"科目。

如果售出商品不符合收入确认条件，则不应确认收入，已经发出的商品，应当通过"发出商品"科目进行核算。

②销售商品涉及现金折扣、商业折扣、销售折让的处理

现金折扣在实际发生时计入财务费用。

商业折扣是指企业为促进商品销售而在商品标价上给予的价格扣除。（批发与零售的区别）企业的价格折扣销售商品涉及商业折扣的，应当按照扣除商业折扣后的金额确定销售商品收入金额。

销售折让是指企业因售出商品的质量不合格等原因而在售价上给予的减让。对于销售折让，企业应分别不同情况进行处理：已确认收入的售出商品发生销售

折让的，通常应当在发生时冲减当期销售商品收入；已确认收入的销售折让属于资产负债表日后事项的，应当按照有关资产负债表日后事项的相关规定进行处理。

③销售退回的处理

销售退回，是指企业售出的商品由于质量、品种不符合要求等原因而发生的退货。对于销售退回，企业应分不同情况进行会计处理：

对于未确认收入的售出商品发生销售退回的，企业应按已记入"发出商品"科目的商品成本金额，借记"库存商品"科目，贷记"发出商品"科目。采用计划成本或售价核算的，应按计划成本或售价记入"库存商品"科目，同时计算产品成本差异或商品进销差价。

对于已确认收入的售出商品发生退回的，企业应在发生时冲减当期销售商品收入，同时冲减当期销售商品成本。如该项销售退回已发生现金折扣的，应同时调整相关财务费用的金额；如该项销售退回允许扣减增值税额的，应同时调整"应交税费——应交增值税（销项税额）"科目的相应金额。

已确认收入的售出商品发生的销售退回属于资产负债表日后事项的，应当按照有关资产负债表日后事项的相关规定进行会计处理。

④预收款销售商品

预收款销售商品，是指购买方在商品尚未收到前按合同或协议约定分期付款，销售方在收到最后一笔款项时才交货的销售方式。在这种方式下，销售方直到收到最后一笔款项才将商品交付购货方，表明商品所有权上的主要风险和报酬只有在收到最后一笔款项时才转移给购货方。企业通常应在发出商品时确认收入，在此之前预收的货款应确认为负债。

⑤分期收款销售商品

商品已经交付，货款分期收回（通常不超过3年）。如果延期收取的货款具有融资性质，其实质是企业向购货方提供免息的信贷时，企业应当按照应收的合同或协议的公允价值确定收入。应收的合同或协议价款的公允价值，通常应当按照其未来现金流量现值或商品现销价格计算确定。

应收的合同或协议价款与其公允价值之间的差额，应当在合同或协议期间内，按照应收款项的摊余成本和实际利率计算确定的金额进行摊销，冲减财务费用。

应收的合同或协议与其公允价值之间的差额，按照实际利率法摊销与直线法摊销结果相差不大的，也可以采用直线法进行摊销。增值税对应的价款可能一次确认，可能分期确认，但不管是否分期，也不应产生折现的问题。

未实现融资收益，摊销时候是冲减财务费用，而不是记入投资收益中。

注意，不是分期收款的一定就具有融资性质，如果不具有融资性质，就按合同金额一次确认收入和长期应收款。

⑥附有销售退回条件的商品销售

附有销售退回条件的商品销售，是指购买方依照有关协议有权退货的销售方式。在这种销售方式下，企业根据以往经验能够合理估计退货可能性且确认与退货相关负债的，通常应在发出商品时确认收入；企业不能合理估计退货可能性的，通常应在售出商品退货期满时确认收入。

3. 提供劳务收入

（1）提供劳务收入的确认

①收入的金额能够可靠地计量。

②相关的经济利益很可能流入企业。

③交易的完工进度能够可靠确定。

④交易中已发生和将发生的成本能够可靠地计量。

（2）完工百分比法的具体应用

企业应当在资产负债表日按照提供劳务收入总额乘以完工进度扣除以前会计期间累计已确认提供劳务收入后的金额，确认当期提供劳务收入；同时，按照提供劳务估计总成本乘以完工进度扣除以前会计期间累计已确认劳务成本后的金额，结转当期劳务成本。用公式表示如下：

本期确认的收入＝劳务总收入×本期末止劳务的完工进度－以前期间已确认的收入

本期确认的费用＝劳务总成本×本期末止劳务的完工进度－以前期间已确认的费用

（3）提供劳务交易结果不能可靠估计

①已经发生的劳务成本预计全部能够得到补偿

已经发生的劳务成本预计全部能够得到补偿的，应按已收或预计能够收回的金额确认提供劳务收入，并结转已经发生的劳务成本。

②已经发生的劳务成本预计部分能够得到补偿

已经发生的劳务成本预计部分能够得到补偿的，应按能够得到补偿的劳务成本金额确认提供劳务收入，并结转已经发生的劳务成本。

③已经发生的劳务成本预计全部不能得到补偿

已经发生的劳务成本预计全部不能得到补偿的，应将已经发生的劳务成本计入当期损益（主营业务成本），不确认提供劳务收入。

4. 让渡资产使用权收入

(1) 让渡资产使用权收入的确认

让渡资产使用权收入主要包括以下两项。

①利息收入

主要是指金融企业对外贷款形成的利息收入，以及同业之间发生往来形成的利息收入等。

②使用费收入

主要是指企业转让无形资产（如商标权、专利权、专营权、软件、版权）等资产的使用权形成的使用费收入。

企业对外出租资产收取的租金，进行债权投资收取的利息，进行股权投资取得的现金股利，也构成让渡资产使用权收入，有关的会计处理，请参照有关租赁、金融工具确认和计量、长期股权投资等内容。让渡资产使用权收入同时满足下列条件的，才能予以确认：相关的经济利益很可能流入企业；收入的金额能够可靠计量。

(2) 让渡资产使用权收入的计量

①利息收入

企业应在资产负债表日，按照他人使用本企业货币资金的时间和实际利率计算确定利息收入金额。

②使用费收入

使用费收入应当按照有关合同或协议约定的收费时间和方法计算确定。不同的使用费收入，收费时间和方法各不相同。有一次性收取一笔固定金额的，如一次收取 10 年的场地使用费；有在合同或协议规定的有效期内分期等额收取的，如合同或协议规定在使用期内每期收取一笔固定的金额；也有分期不等额收取的，如合同或协议规定按资产使用方每期销售额的百分比收取使用费等。

如果合同或协议规定一次性收取使用费，并且不提供后续服务的，应当视同销售该项资产一次性确认收入；提供后续服务的，应在合同或协议规定的有效期内分期确认收入。如果合同或协议规定分期收取使用费的，应按合同或协议规定的收款时间和金额或规定的收费方法计算确定的金额分期确认收入。

5. 建造合同收入

(1) 建造合同的概述

建造合同是指为建造一项或者数项在设计、技术、功能、最终用途等方面密切相关的资产而订立的合同。其中，所建造的资产主要包括房屋、道路、桥梁、水坝等建筑物，以及船舶、飞机、大型机械设备等。

建造合同分为两类：一类是固定造价合同；另一类是成本加成合同。

①固定造价合同指按照固定的合同价或固定单价确定工程价款的建造合同。

②成本加成合同，是指以合同约定或其他方式议定的成本为基础，加上该成本的一定比例或定额费用确定工程价款的建造合同。例如：建造一艘船舶，合同总价款以建造该船舶的实际成本为基础，加收 3% 计取；建造一段地铁，合同总价款以建造该段地铁的实际成本为基础，加 1 000 万元计取。

（2）合同收入与合同费用的确认

合同收入与合同费用确认的基本原则是：

①如果建造合同的结果能够可靠估计，企业应根据完工百分比法在资产负债表日确认合同收入和合同费用。

当期确认的合同收入＝合同总收入×完工进度－以前会计期间累计已确认的收入

当期确认的合同费用＝合同预计总成本×完工进度－以前会计期间累计已确认的费用

当期确认的合同毛利＝当期确认的合同收入－当期确认的合同费用

②如果建造合同的结果不能够可靠估计，应分两种情况进行处理：

第一，合同成本能够收回的，合同收入根据能够收回的实际合同成本金额予以确认，合同成本在其发生的当期确认为合同费用。合同成本是指为建造某项合同而发生的相关费用，合同成本包括从合同签订开始至合同完成止所发生的、与执行合同有关的直接费用和间接费用。

直接费用包括四项内容：耗用的材料费用、耗用的人工费用、耗用的机械使用费和其他直接费用。

间接费用主要包括临时设施摊销费用和企业下属的施工、生产单位组织和管理施工生产活动所发生的费用，如管理人员薪酬、劳动保护费、固定资产折旧费及修理费、物料消耗、取暖费、水电费、办公费、差旅费、财产保险费、工程保修费、排污费等。

第二，合同成本不可能收回的，应在发生时立即确认为合同费用，不确认合同收入。

合同预计总成本超过合同总收入的，应当将预计损失确认为当期费用。如果建造合同的预计总成本超过合同总收入，则形成合同预计损失，应提取损失准备（资产减值损失），并确认为当期费用。合同完工时，将已提取的损失准备冲减合同费用。

6. 利润

（1）利润的构成

利润是指企业在一定期间的经营成果。利润包括收入减去费用后的净额、直接计入当期利润的利得和损失等。

①营业利润

营业利润＝营业收入－营业成本－营业税金及附加－销售费用－管理费用－财务费用－资产减值损失＋公允价值变动收益（－公允价值变动损失）＋投资收益（－投资损失）

②利润总额

利润总额＝营业利润＋营业外收入－营业外支出

营业外收入主要包括：非流动资产处置利得、非货币性资产交换利得、债务重组利得、政府补助、盘盈利得、捐赠利得等。

营业外支出是指企业发生的与日常活动无直接关系的各项损失。营业外支出主要包括：非流动资产处置损失、非货币性资产交换损失、债务重组损失、公益性捐赠支出、非常损失、盘亏损失等。

③净利润

净利润＝利润总额－所得税费用

所得税费用是指企业确认的应从当期利润总额中扣除的所得税费用。

（2）会计处理

①期末，将“主营业务收入”“其他业务收入”“补贴收入”“营业外收入”等账户的期末余额，分别转入“本年利润”账户，借记“主营业务收入”“其他业务收入”“补贴收入”“营业外收入”等账户，贷记“本年利润”账户。

②期末，将“主营业务成本”“主营业务税金及附加”“其他业务支出”“营业费用”“管理费用”“财务费用”“营业外支出”“所得税”等账户的期末余额，分别转入“本年利润”账户，借记“本年利润”账户，贷记“主营业务成本”“主营业务税金及附加”“其他业务支出”“营业费用”“管理费用”“财务费用”“营业外支出”“所得税”等账户。

③将“投资收益”账户的净收益，转入“本年利润”账户，借记“投资收益”账户，贷记“本年利润”账户；如为净损失，作相反会计分录。

④年度终了，应将本年收入和支出相抵后结出的本年实现的净利润，转入“利润分配”账户，借记“本年利润”账户，贷记“利润分配——未分配利润”账户；如为净亏损，作相反会计分录。

（3）利润的分配

①企业用盈余公积弥补亏损，借记"盈余公积"账户，贷记"利润分配——其他转入"账户。

②按规定从净利润中提取盈余公积和法定公益金时，借记"利润分配——提取法定盈余公积、提取法定公益金、提取任意盈余公积、提取储备基金、提取企业发展基金"账户，贷记"盈余公积——法定盈余公积、法定公益金、任意盈余公积、储备基金、企业发展基金"账户。

③应分配给股东的现金股利或利润，借记"利润分配——应付优先股股利、应付普通股股利"账户，贷记"应付股利"账户。

（4）利润结转

①年度终了，将全年实现的净利润自"本利润"科目转入"利润分配"科目，借记"本年利润"，贷记"利润分配——未分配利润"；如为净亏损，作相反的会计分录。

②同时，将"利润分配"科目下的其他明细科目的余额转入"利润分配——未分配利润"科目。借记"利润分配——未分配利润"，贷记"利润分配——提取法定盈余公积、提取法定公益金、提取任意盈余公积、应付利润、转作资本的利润"。借记"利润分配——其他转入"，贷记"利润分配——未分配利润"。

二、税务核算岗

（一）岗位职能和基本工作规范

1．税务核算岗位的职能

（1）按照税法规定办理税务登记及变更等有关事项，并按规定使用税务登记证件。

（2）办理各税种的税务计算、申报、缴纳、代扣代缴等工作。

（3）办理税务申报、查对、复核等事项。

（4）办理有关的免税申请及退税冲账等事项。

（5）编制有关的税务报表及相关分析报告。

（6）办理其他与税务有关的事项。

2．税务岗位基本工作规范

（1）正确计算提取各项税费，及时按税务部门的申报期限申报各项税款，每月申报税额数与财务账上核对一致，保证税金申报表的应交税金与财务账一致，不能出现账上和纳税申报表不一致，按时缴纳各项税款，最大限度地避免滞纳金和税务罚款支出。

（2）加强业务学习，熟悉国家税法。做到不多报税，但也不能少报税，漏报税。

（3）处理好单位与税务部门的关系，个人与税务部门的关系。

（4）熟悉税务电子申报程序，按时进行网上电子报税，各种完税凭证、发票以及相关的税务资料要装订成册，妥善保管，不得丢失。

（二）岗位理论基础

1. 税务核算岗位的内容

（1）设立税务登记。纳税人在申报办理税务登记时，应如实向税务机关提供有关证件并填写税务登记表。

（2）变更税务登记。变更税务登记是指纳税人办理税务登记后，需要对原登记内容进行更改，而向税务机关申报办理的税务登记。变更税务的适用范围主要有：改变名称、改变法定代表人，改变经济性质或企业类型，改变住所或经营地点，改变经营范围、经营方式，改变产权关系，改变注册资金。纳税人税务登记内容发生变化的，应当向原税务机关申报办理变更税务登记。

（3）税务登记的审验记号。税务会计人员应当在规定的期限内持有关证件到主管税务机关办理验证或者换证手续。

（4）领购发票及发票的使用。税务核算岗位人员可根据纳税人适用的发票种类和领购发票的方式，办理发票领购事宜，并按相关规定正确使用发票。

（5）按不同税种分别如实填写纳税申报表，进行国税和地税的申报。

（6）认真进行纳税筹划，做好退税和减免税办理工作。结合本单位情况，检查原有筹划方案的实施情况，及时调整和处理不当之处。

（7）编制并上报各种税务报表。

2. 企业会计核算涉税业务的主要会计科目

企业会计核算涉税业务的主要会计科目有：应交税费、营业税金及附加、所得税、递延所得税资产、递延所得税负债、以前年度损益调整、营业外收入等。下面主要介绍一下"应交税费"科目核算的主要内容。

（1）应交增值税

应交增值税明细科目主要包括以下内容。

①进项税额

该项目记录企业购入货物或接受应税劳务而支付的、准予从销项税额中抵扣的增值税额。如果企业购入货物或接受应税劳务支付进项税额，则用蓝字登记；退回所购货物冲销原进项税额时，用红字登记。

②已交税金

该项目核算企业当月缴纳本月增值税额。

③减免税款

记录企业按规定减免的增值税款。企业按规定直接减免的增值税额借记本科目，贷记"营业外收入"科目。

④转出未交增值税

该科目核算企业月终转出应缴未缴的增值税。月末如果企业"应交税费——应交增值税"明细账出现贷方余额，则应根据该余额做分录。借：应交税费——应交增值税，贷：应交税费——未交增值税。

⑤销项税额

该科目记录企业销售货物或提供应税劳务应收取的增值税额。企业销售货物或提供应税额的销项税额，用蓝字登记；退回销售货物应冲销的销项税额，应用红字登记。

⑥进项税转出

该科目记录企业购进的货物、在产品、产成品等发生非正常损失以及其他原因而不应从销项税额中抵扣按规定应从进项税额中转出的那部分数额。

⑦转出多交增值

该科目核算一般纳税人月终转出多缴的增值税。如果月末企业"应交税费——应交增值税"明细账出现借方余额时，应根据该余额借记"应交税费——未交增值税"科目，贷记本科目。

增值税小规模纳税人不得抵扣进项税，其"应交税费——应交增值税"科目的借方余额，反映已缴的增值税额，贷方发生额反映应交增值税额，期末借方余额反映多缴的增值税额，期末贷方余额反映尚未缴纳的增值税额。

（2）未交增值税

该科目核算一般纳税人月终时转入的应缴未缴增值税额，转入的多缴增值税也在本明细科目核算。

（3）应缴消费税、营业税、资源税和城市维护建设税

企业应按规定计算应缴的消费税、营业税、资源税、城市维护建设税，借记"营业税金及附加"等科目，贷记"应交消费税""营业税""资源税"和"城市维护建设税"等科目；缴纳时，借记"应交消费税""营业税""资源税"和"城市维护建设税"等科目，贷记"银行存款"。

（4）应缴所得税

企业按照税法规定计算应缴的所得税，借记"所得税"等科目，贷记"应交所得税"；缴纳时，借记本科目，贷记"银行存款"等科目。

（5）应缴个人所得税

企业按规定计算的应代扣代缴的职工个人所得税，借记"应付职工薪酬"科目，贷记本科目；缴纳时，借记本科目，贷记"银行存款"等科目。

3．增值税应纳税额的计算

（1）一般纳税人应纳税额的计算

一般纳税人销售货物或者提供应税劳务，应纳税额为当期销项税额与当期进项税额抵扣后的余额。计算公式为：

$$应纳税额＝当期销项税额－当期进项税额－上期留抵税额$$

如果应纳税额大于零，则为当期应缴纳的增值税；如果应纳税额小于零，则为本期留抵税额，应转入下一期抵扣。

$$销项税额＝销售额×税率$$

（2）小规模纳税人的征收率及应纳税额

商业企业小规模纳税人适用4％的征收率，商业企业以外的其他小规模纳税人适用6％的征收率。

小规模纳税人销售货物或者应税劳务，按照销售额和规定的征收率计算应纳税额，但不得抵扣进项税额。小规模纳税人的销售额也不包括其应纳税额，如果小规模纳税人采用的是销售额和应纳税额合并定价的方法，则应用以下公式换算出不含税销售额。

$$销售额＝含税销售额÷（1＋征收率）$$

$$应纳税额＝销售额×征收率$$

4．企业所得税应纳税所得额的计算

企业所得税应纳税所得额的计算公式：

$$应纳税所得额＝会计所得额±税收调整项目金额$$

$$应纳所得税额＝应纳税所得额×适用税率$$

会计所得额是指企业会计报表中的利润额，税收调整项目金额是指以会计报表上的利润额为基础，将会计处理与税法规定不一致的内容进行调整，计算出应纳税所得额。一般来说，企业在季度预缴所得税时不作调整，直接以当期实现的会计利润额按适用的税率计算应纳税所得额，但是，在年终汇算清缴所得税时，必须将会计所得调整为应纳税所得额。

第二节　会计稽查岗与总账报表岗实训

一、会计稽核岗

（一）岗位职能和基本工作规范

稽核是稽查和复核的简称，内部稽核制度是内部控制制度的重要组成部分，因此，各单位应该建立、健全内部稽核制度。稽核工作本身对从业人员要求很高，要求具备企业管理、财务、投资、法律等综合知识，对企业经营有深刻了解和实际经验，通晓企业运营管理和财务管理，精通企业内部控制制度和相关业务流程，有较强的领导、沟通、协调能力以及强烈的事业心。

1. 稽核岗位的职能

稽核岗位在会计核算过程中起着重要的作用，从总的方面来讲，其职能可概括为复核、监督、控制三个方面。

（1）复核职能

复核职能是稽核岗位最基本的职能之一。稽核岗位通过对企业经济业务运动过程和会计记录过程，会计凭证、账簿、报表资料进行检查、验证和复查，检验企业内部控制制度的可行性和有效性，找出内部控制制度存在的不足并依据内部控制制度所生成的会计信息的可靠程度，提出改正意见。

（2）监督职能

监督职能是稽核岗位最重要的职能之一。企业经营活动必须按规范的方式和规律运作，保证所有业务都按规范运作的前提就是要有强有力的监督措施，会计稽核人员就是监督措施的具体执行者。

（3）控制职能

通过复核和监督，保证企业的经济业务的运动过程按正常的程序运作，保证财产物资的安全完整，保证企业会计信息是按照相关法规和国家统一的会计制度进行披露。

稽核岗位的具体职责：

①负责财务会计部门日常工作。

②负责协助预、决算的编制工作。

③负责月报表的编制工作。

④根据相关法规、管理制度的要求，对会计制单岗位处理的凭证的合法性、合理性和真实性进行稽核，对发现的问题进行及时处理。

⑤认真执行单位的资金收支预算，认真执行单位规定的资金开支渠道和资金开支审批权限。

⑥负责打印各种账页。

⑦完成领导交办的其他工作。

2. 稽核岗位基本工作规范

稽核是企业内部控制制度的重要组成部分，是指在企业内部指定专人对有关会计凭证、会计账簿，公司企业流程运作进行审核、复查的一种制度，该制度的建立应当结合稽核人员岗位责任制度一并进行。

（1）稽核人员必须具备较高的政治素质和业务素质。稽核人员必须依据国家有关政策、法律及规章制度等有关规定对所发生的会计事项进行稽核，严把稽核关，负责公司内部控制制度推导与维护。

（2）所有会计凭证必须经过稽核人员稽核后，才能据以记账；所有支出必须经稽核人员稽核后，出纳人员才能付款。对不符合规定的收入支出项目应提出处理意见。

（3）拟订年度稽核计划书，确保确实执行，据以检查公司之内部控制制度，并检附工作底稿及相关资料等形成稽核报告。

（4）负责对检查所发现的内部控制制度缺失及异常现象，据实在稽核报告中披露，并加以追踪，定期形成追踪报告。

（5）负责成本管控稽查。

（二）岗位理论基础

企业各级财务部门必须设立稽核岗位。有条件的单位需设立专职稽核员，经济业务相对较少的单位，由会计主管兼任稽核员，但出纳人员不得兼管稽核工作。

会计稽核制度是组织和从事会计工作所遵循的规范与准则，是会计基础工作规范化考核验收的主要内容之一，是会计机构内部的监督环节。稽核业务主要内容是：原始凭证、记账凭证、账簿、财务报告等。

1. 原始凭证的稽核

（1）原始凭证的真实性稽核

原始凭证的日期是否真实、业务内容是否真实、数据是否真实。

（2）原始凭证的合法性稽核

原始凭证所记录经济业务是否有违法和不合理情况。

（3）原始凭证的完整性稽核

原始凭证的名称，填制日期，填制单位名称或填制人姓名，接受单位名称，经济业务的内容，数量等项目是否填制完整。

（4）原始凭证的正确性稽核

原始凭证各项金额的计算及填写是否正确。

（5）原始凭证的及时性稽核

原始凭证是否在经济业务发生或完成时及时填制并及时传递。

2．记账凭证的稽核

（1）稽核经济业务内容是否真实。

（2）稽核凭证项目是否齐全。

（3）稽核计入的科目是否正确。

（4）稽核核算的金额是否正确。

（5）稽核凭证的书写是否正确。

3．账簿的稽核

（1）账证核对

核对会计账簿记录与原始凭证、记账凭证的时间、凭证字号、内容、金额是否一致，记账方向是否相符。

（2）账账核对

核对不同会计账簿之间的账簿记录是否相符，包括：总账之间有关账户的余额核对，总账与明细账核对，总账与日记账核对，会计部门的财产物资明细账与财产物资保管和使用部门的有关明细账核对等。

（3）账实核对

核对会计账簿记录与财产等实有数额是否相符。包括：现金日记账账面余额与现金实际库存数相核对；银行存款日记账账面余额定期与银行对账单相核对；各种财物明细账账面余额与财物实存数额相核对；各种应收、应付款明细账账面余额与有关债务、债权单位或者个人核对等。

4．会计报表的稽核

（1）会计报表的准确性稽核

会计报表之间，会计报表各项目之间，凡有相对应关系数字是否一致；本期会计报表与上期会计报表之间有关数字是否相互衔接；各种报表内容是否与账簿上的记载相符；如果不同会计年度会计报表中各项目内容和核算方法有变更的，是否在年度会计报表中加以注明。

（2）会计报表的真实性稽核

会计报表的数字有无篡改，是否真实，计算是否准确，数字计算是否正确，签章是否齐全。

（3）会计报表的合规性稽核

报表的编号、装订是否完整、鉴章是否齐全、各种报表是否按规定期限及份数编送，有无缺漏。

5．稽核人员的工作要求

（1）在稽核工作中，稽核人员要严格执行国家的有关法律、规章、制度，遵守工作纪律和要求，情况未查清不放过。对稽核中发现的异常情况或疑点，要一查到底，绝不姑息。

（2）责任人未落实不放过。严格按照业务事实落实问题责任人，并依据相关规章制度提出处理处罚意见。

（3）稽核情况未说清不放过。提交的稽核报告，都要做到有情况、有数据、有分析、有事例、有建议，各种报表与说明完整无缺。

（4）关系人讲情不放过。坚持制度面前人人平等，不讲个人情面。

（5）稽核建议针对性不强不放过。所提稽核建议贴近实际、针对性强，要求被查单位根据什么整改，怎样整改交代得清楚明白，有理有据。

（6）被稽核单位（个人）纠改不落实不放过。认真审查整改报告，对照存在的问题逐一对照分析，看纠改是否到位。

二、总账报表岗

（一）岗位职能和基本工作规范

总账报表岗是指登记总账，编制会计报表的会计岗位，其具体工作内容是在审核原始凭证和记账凭证的基础上，将一定时期的记账凭证汇总编制科目汇总表，根据科目汇总表登记总分类账，并与现金日记账、银行日记账、各明细分类账核对一致，定期编制会计报表。

1．总账报表岗位的职能

总账报表岗位，是单位会计体系中的核心岗位或综合岗位，其职能可概括为审核、反映控制、监督、管理四个方面。

（1）审核职能

总账报表会计要对业务发生时所取得的原始凭证以及根据原始凭证所填制的记账凭证进行审核，确认其完整无误后方能登记入账。

（2）反映控制职能

总账报表会计所管理的总账及编制的报表总括反映企业的财务状况和经营成果，账表所反映的内容必须真实、准确、及时。其他岗位所登记的会计账簿和保管的财产物资必须与总账的相关账户所记录金额核对相符。只有在账账、账证、账实核对相符的基础上所编制的会计报表数据才能保证真实完整。所以总账是控制账，对现金日记账、银行日记账、明细账具有控制作用。

（3）监督职能

总账报表岗位在审核原始凭证、编制记账凭证、登记总账、编制会计报表的过程中，对凭证上所记载的经济业务内容的真实性，办理业务的各项手续的完备性，内部控制制度的执行情况等都要进行严密监督，以保证财产物资的安全完整，保证会计记录的真实合法。

（4）管理职能

总账报表岗位在登记总账，编制报表的过程中，会涉及会计核算体系的各个方面，对其他各岗位的日常工作及期末业务要进行组织、协调和管理，以保证各岗位有条不紊地开展报账、记账、对账、调账等工作。

2. 总账报表岗位基本工作规范

总账报表岗位是单位会计核算的综合岗位，为保证会计资料的真实性、完整性和及时性，在办理业务时要执行以下工作规范：

（1）熟练掌握有关财经政策、法令以及财务会计制度，认真执行《会计法》，遵守国家财经纪律和财务会计各项规章制度。

（2）分清资金渠道，合理使用资金，严格掌握费用开支范围和开支标准。

（3）按照国家会计制度和会计工作规范要求，设置各种会计账册；并按规定记账、算账、报账。按会计电算化的要求，及时对输入的会计数据（记账凭证和原始凭证等）进行审核，对打印、输出的报表认真核对。

（4）定期核对固定资产及其他主要设备，及时处理添置调入、调出、报废等事项。做到账账相符，账实相符。

（5）及时清理应收应付款项。

（6）根据主管和有关部门的规定，定期编报各种报表。编制报表时，必须做到数字真实，计算准确，内容完整，报送及时，不得弄虚作假。

（7）必须经常监督、检查各个部门的财务收支、财产保管等。

（8）有关部门来单位了解情况或检查工作时，要负责提供有关资料，如实反映情况。

（9）会计凭证、账簿、会计报表、工资数据、财务文件资料等都要建立档案，定期装订，妥善保管，未经批准，不得销毁。

（10）总账会计调动工作或因故离职，要将其经管的会计凭证、账册文件资料交接清楚，办理移交接交手续，并由单位负责人监交。

（11）要掌握财务状况、现金流量和经营成果的情况。根据财务状况、现金流量和财务成果情况分类进行综合分析和研究，提出改进和处理意见，当好企业决策者和投资者的"参谋"。

（二）岗位理论基础

1. 总账报表岗的工作内容

总账报表岗位的工作内容主要包括编制科目汇总表登记总账、对账、结账、编制会计报表等四个方面。

（1）编制科目汇总表登记总账

①审核凭证，根据取得的原始凭证编制记账凭证，对其他岗位编制的记账凭证内容进行复查和审核。

②编制科目汇总表，按业务量的情况确定凭证汇总的期间和每月编制科目汇总表的次数，定期编制科目汇总表。

③登记总账，根据科目汇总表登记总账，结出各总账。

（2）对账

日常工作主要包括以下内容：

①建立对账制度，组织对账工作。将总账的"库存现金"账户与出纳账的现金日记账及出纳的现金盘点表进行核对；将总账的"银行存款"账户与出纳的银行存款日记账及银行对账单进行核对；将总账的"应收账款""应付账款""其他应收款""其他应付款"等往来账户与债权债务结算岗位所登记的明细账和各往来明细账所涉及的往来单位及个人进行往来账的核对核实；将"原材料""库存商品"等账户与存货岗位会计记录及仓库盘点表核对；将"固定资产"账户与固定资产岗位会计记录及固定资产盘点表核对；等等。

②错账的查找。对账的目的是保证账证相符、账账相符、账实相符。如果对账过程中发现某个环节的账对不上，要及时编制对账情况报告记录表，及时查明原因。

③对账结果的处理。对账中发现的错账要分不同情况进行处理，如果仅仅是账簿记录错误，按规范的方法划线更正或填制记凭证更正错误。如果是财产物资的盘盈盘亏，按规范的程序进行调整。

（3）结账

结账工作包括的主要内容如下所示。

①日常结账

每月月末，按照权责发生制的要求计算应摊的收入或费用，填制相应会计凭证登记入账；通过账结法或表结法计算结转本期损益，进行相应会计处理；结出各总账账户的本期发额、累计发生额和余额，画红线结束本期账目。

②年度结账

年末除按月结的要求计算结转 12 月份的账目外，还要进行年度结账的业务处理。主要包括：进行所得税的年度计算与清算，所得税费用的账务处理，根据董事会有关年度利润分配的预案进行年度利润分配的账务处理。本年度所有账目处理完毕后，在各账户的 12 月份累计发生额下划双红线结束本年的所有账目。结束旧账更换新账，将本年年末数据作为下一会计年度的年初数据。

（4）编制会计报表

为了保证会计报表提供的信息真实、准确，保证会计报表质量，企业会计准则要求在编制会计报表时做到数字真实，计算准确，内容完整和报送及时等。

数字真实包含两层意思：一是数字来源真实可靠；二是报表项目填列没有差错。为此，在编表前必须查对和调整会计事项，确保账实相符，收支结转正确；编表时，要严格以账簿记录为依据，做到账表相符，相关指标衔接，编表后要认真稽核，保证数字的真实性。

计算准确是保证会计数据真实可靠的基础。企业应当依据权责发生制原则进行记账，并且编制试算表，检查记录正确性。在会计期末应当按权责发生制的要求，对本期的收入和费用及时调整入账，保证各账户结账时的准确性。

内容完整指企业会计报表必须按照规定的种类、格式和项目内容填报齐全，不重不漏，相关指标衔接，汇总指标恰当。

报送及时指企业会计报表必须按照规定的时间和报送方式，及时报送给报表使用部门、单位或个人，为管理部门、投资者和有经济利用关系的人及时提供财务状况及变动情况、经营成果等信息，以保证会计信息使用者进行决策的时效性和正确性。

具体工作内容包括：

①编制资产负债表。

②编制利润表。

③编制现金流量表。

④编制所有者权益变动情况表。

2. 会计档案整理

（1）会计凭证整理

①业务发生时原始凭证附于记账凭证后面。页面很小的单据贴在粘贴单上附在记账凭证后面，页面大小超过记账凭证的单据，裁去毛边，以左边上边为齐折叠整齐。

②根据凭证类别，按顺序号或日期顺序将记账凭证逐张排放好。补充遗漏的必不可少的核算资料，剔除不属于会计档案范围和没有必要归档的一些资料，清除订书钉、曲别针、大头针等金属物，将每一类记账凭证按适当厚度分成若干本墩齐。

③装订，装订好的会计凭证要四边成线，有棱有角，坚固、缝章。

④填写凭证及凭证盒的封面、封脊，将凭证装盒，存于柜中。

（2）会计账簿的整理归档

①完成账簿启用表、目录内容的填写。

订本账（总账、现金账、银行账）保持账簿原来面貌，不要拆去空白页，在目录中注明已使用页数和空白页数。

活页账撤去账夹和空白账页，填齐账户目录页号，分辨会计科目，在账页的右上方编上总页数和分页数；加装会计账簿封面、封底；按封面、账簿启用表、账户目录、账页、封底顺序排列，装订成册。

②填写账簿档案小标签并贴在账本封面上。

③将账簿单独存入档案柜中或先装入档案盒再入柜。

（3）财务报告的整理

财务报告一般是按月报、季报、年报分别整理、装订、立卷的。

①年度财务报告整理

每年终了时装订的顺序是：封面；财务情况说明书；会计报表；封底。

若干年的年度报告装订在一起组成一卷，编页码及目录。

在档案盒的背面填写全宗号及案卷号，将档案装盒入柜。

②月报及季报的整理装订

每个月的报表装订的顺序是：封面；财务情况说明书；会计报表；封底。

各个月份的报表装订在一起组成一卷，编页码及目录。

在档案盒的背面填写全宗号及案卷号，将档案装盒入柜。

（4）其他会计资料的整理

其他会计资料，主要包括季度、年度的成本、利润计划；月度、年度的财务收支计划，工资计算表，经济活动分析报告等，一些重要的经济合同也随同正式会计档案进行收集整理。即使这部分资料不全部移交档案部门，或在一个很长的时期内由财会部门保存，也需要认真筛选、整理。总之，财会部门要把收集起来的这些资料，逐件进行鉴别，将需要移交档案部门保管存放的，另行组卷装订，按要求移交。

思考题

1. 收入利润核算岗的职能是什么？

2. 税务核算岗的基本业务的处理是什么？

3. 总账报表岗的职能有哪些？

参考文献

[1]吴晓燕,杨群.初级财务会计及实训教程[M].上海:上海财经大学出版社,2019.

[2]徐建斌,王慧华.财务会计[M].西安:西安电子科学技术大学出版社,2021.

[3]包燕萍,刘贤洲,程石.财务会计与报告[M].成都:西南财经大学出版社,2021.

[4]周显文.会计实训[M].大连:大连海事大学出版社,2020.

[5]朱学义,高玉梅,吕延荣.中级财务会计第6版[M].北京:机械工业出版社,2021.

[6]尚洪涛,栾甫贵,张茵.高级财务会计[M].北京:机械工业出版社,2021.

[7]朱友干.中级财务会计[M].北京:中国纺织出版社,2021.

[8]宁宇新,杨惠贤.中级财务会计[M].西安:西安交通大学出版社,2021.

[9]朱振东,赵士娇,陈思灼.初级财务会计第3版[M].北京:北京理工大学出版社,2021.

[10]高松梅,汪智明,刘俊芹.财务会计知识与实务[M].长春:吉林人民出版社,2021.

[11]李华.财务会计[M].沈阳:东北财经大学出版社,2020.

[12]刘云珊.财务会计[M].重庆:重庆大学出版社,2020.

[13]王惠珍,苏坤,赵栓文.财务会计[M].西安:西北大学出版社,2020.

[14]仲怀公,周莎.基础会计模拟实训[M].北京:北京理工大学出版社,2019.

[15]郭雪萌,李远慧,孙敏.中级财务会计学[M].北京:北京交通大学出版社,2020.

[16]周秋华.会计综合仿真实训[M].上海:立信会计出版社,2020.

[17]杨平波,祝勇军.高级财务会计第2版[M].长沙:湖南大学出版社,2020.

[18]杜丽,吴霞云.高级财务会计[M].北京:北京理工大学出版社,2020.

[19]汤健,祝勇军.中级财务会计第3版[M].长沙:湖南大学出版社,2020.

[20]陈俊忠,王玉,王伟.财务会计实务[M].北京:北京理工大学出版社,2020.

[21]龚新龙.基于Excel分析的财务管理实训[M].北京:企业管理出版社,2021.

[22]刘雪清,封桂芹,武彰纯.财务报表审计模拟实训第5版[M].沈阳:东北财经大学出版社,2021.

[23]陈云娟,黄静,王家华,等.高等学校新形态教材新编财务会计综合实训[M].南京:南京东南大学出版社,2021.

[24]宋瑞,杨佩毅.会计综合模拟实训教程[M].北京:北京理工大学出版社,2021.

[25]占慧莲,张梦梦.企业会计实训教程[M].沈阳:东北财经大学出版社,2019.

[26]张星,马雪莹,张盼.会计信息化综合实训教程第 2 版[M].上海:立信会计出版社,2021.

[27]杨天中.ERP 沙盘模拟企业经营实训教程第 3 版[M].华中科学技术大学出版社,2021.

[28]马春静,邓露露,董旗.审计原理与实务第 2 版[M].北京:中国人民大学出版社,2021.

[29]李春俐,揭莹.财务会计综合实训[M].重庆:重庆大学出版社,2020.

[30]刘计华,张轲,唐建民.外贸企业财务综合实训[M].武汉:华中科学技术大学出版社,2020.

[31]蔡维灿,林克明.中级财务会计实务习题与实训第 3 版[M].北京:北京理工大学出版社,2020.

[32]罗绍明.新编企业财务会计实训第 2 版[M].上海:立信会计出版社,2019.

[33]桂玉娟,刘玉凤.财务管理实训教程第 2 版[M].上海:上海财经大学出版社,2020.

[34]蒋毅,高凤岩.财务管理实训教程第 4 版[M].沈阳:东北财经大学出版社,2020.

[35]史琪,杨凤坤,林月香,等.财务管理案例实训[M].武汉:华中科技大学出版社,2019.

[36]常茹,薛媛.财务会计实训教程[M].北京:经济科学出版社,2019.

[37]李建民,景冬梅,盛强.财务会计实训[M].北京:北京理工大学出版社,2019.

[38]沈亚香,顾玉芳.财务会计实训第 3 版[M].上海:立信会计出版社,2019.

[39]郑红梅.企业财务会计习题与实训[M].沈阳:东北财经大学出版社,2019.

[40]孔令一,相福刚.财务管理学习题与实训第 2 版[M].沈阳:东北财经大学出版社,2019.